# 昭和レトロスタヂアム

## 消えた球場物語

坂田哲彦［編著］

ミリオン出版

## はじめに

# 野球場 昭和の想い出たち

１９８８年３月に東京ドームが完成してから、日本に少しずつドーム球場が増えてきた。雨天時にも中止することなくゲームを行うことができ、また空調により１年中快適に試合観戦ができるようになった。ところが皮肉なことにその頃から、少しずつ野球の人気は下がり始めたという。テレビ放映の回数が少なくなり、入場者数も減少の傾向をたどった。

野球人気低迷の１つには、野球のもつ良い意味での暑苦しさがなくなって、どこかスマートな雰囲気になってしまったことが関係しているのではないだろうか。また、ドーム球場の増加は、野茂英雄やイチローの活躍で大リーグが身近になってゆく時期とも並行している。

この本で紹介しているスタジアムの中には、現在はそこに存在していたことすら想像が難しいほどに、跡形もなく消えてしまったところが多い。それらが現役時代だったころには多くのファンが詰めかけ、野球場のある街は賑わっていた。

また、そのころの野球場は独特の雰囲気をもっていた。テレビ中継では伝わらない、スタンドの下の古びた売店や、隣の席

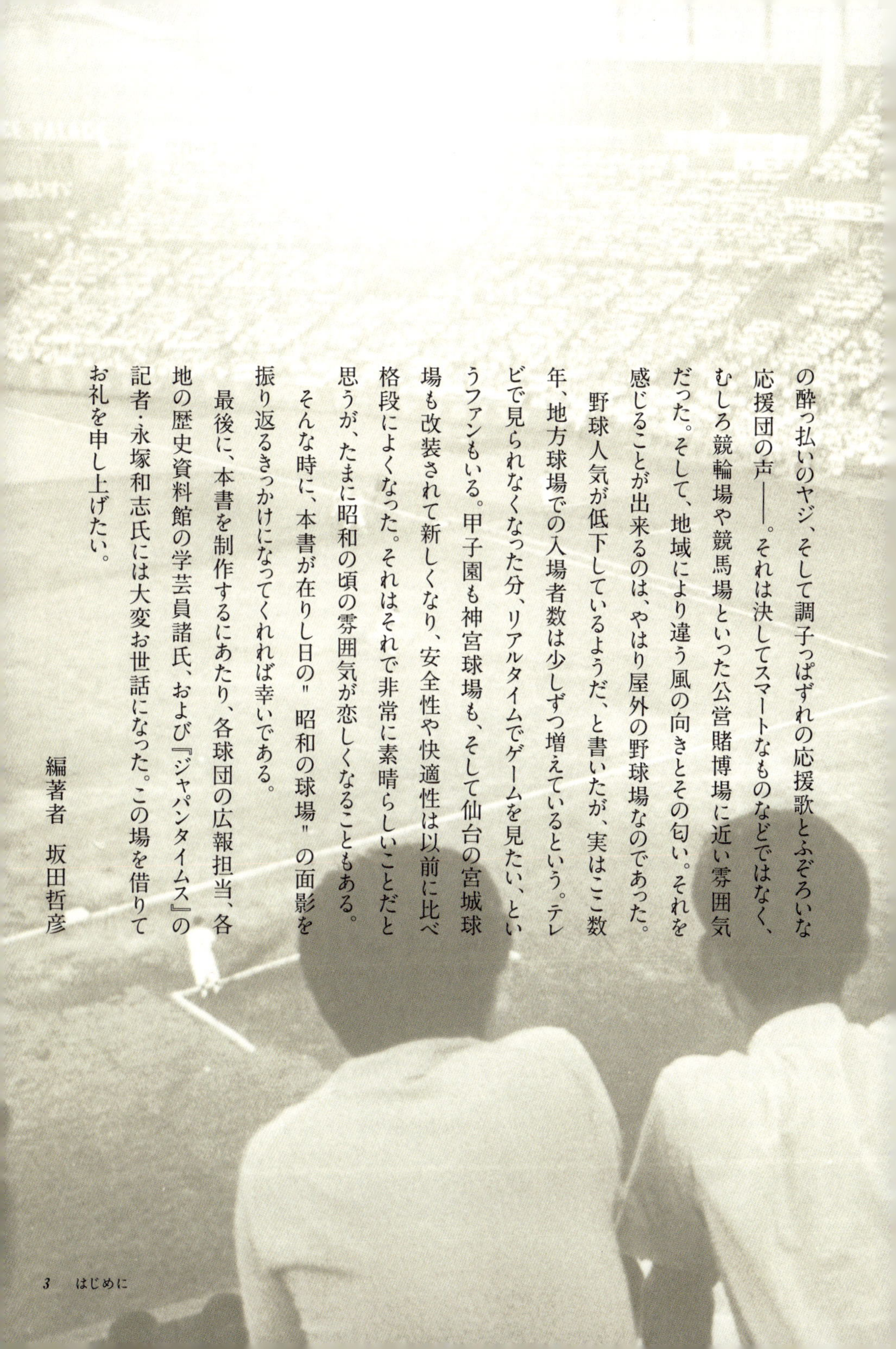

の酔っ払いのヤジ、そして調子っぱずれの応援歌とふぞろいな応援団の声――。それは決してスマートなものなどではなく、むしろ競輪場や競馬場といった公営賭博場に近い雰囲気だった。そして、地域により違う風の向きとその匂い。それを感じることが出来るのは、やはり屋外の野球場なのであった。

野球人気が低下しているようだ、と書いたが、実はここ数年、地方球場での入場者数は少しずつ増えているという。テレビで見られなくなった分、リアルタイムでゲームを見たい、というファンもいる。甲子園も神宮球場も、そして仙台の宮城球場も改装されて新しくなり、安全性や快適性は以前に比べ格段によくなった。それはそれで非常に素晴らしいことだと思うが、たまに昭和の頃の雰囲気が恋しくなることもある。

そんな時に、本書が在りし日の"昭和の球場"の面影を振り返るきっかけになってくれれば幸いである。

最後に、本書を制作するにあたり、各球団の広報担当、各地の歴史資料館の学芸員諸氏、および『ジャパンタイムス』の記者・永塚和志氏には大変お世話になった。この場を借りてお礼を申し上げたい。

編著者　坂田哲彦

# 昭和レトロスタジアム　消えた球場物語

［目次］

## 第2部　プロ野球　名スタヂアム・フォトアルバム

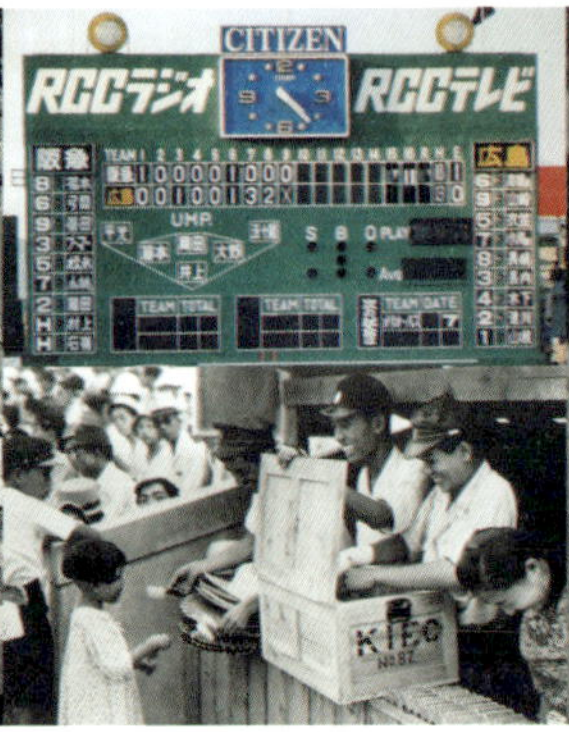

［参考文献］
『球場物語』（ベースボール・マガジン社）2005年
『球場物語2』（ベースボール・マガジン社）2007年
『さっぽろ文庫94 野球と市民』（北海道新聞社）2000年
『最新野球場大事典』（大空社）1999年

［写真提供者］（順不同　敬称略）
朝日新聞社
読売新聞社
毎日新聞社
松岡宏
イワキマサタカ
中島宏幸
（株）川崎球場
（株）横浜ベイスターズ
（株）東京ドーム
阪急阪神ホールディング
（株）近畿日本鉄道
村井修
野球体育博物館
広島市公文書館
広島市郷土資料館
小池明英
横浜市史資料室
下関市広報広聴課
高松市歴史資料館
四国新聞社
田原孝
旭川市公園緑地協会
仙臺文化編集室
風の時編集部
京都府立総合資料館
明治神宮野球場
麦島勝
（株）エポック社

［備考］本文に登場する人名は一部を除き、敬称を略しています。
※本文中のデータは2010年8月末日現在のものです。

# 第1部
# いまはなき 想い出のスタヂアム

## 時代とともに彼方へ消えた15の野球場――

大阪球場／川崎球場／後楽園球場／阪急西宮スタジアム

日本生命球場／東京スタジアム／藤井寺球場／広島市民球場

平和台野球場／上井草球場／松山市営球場／横浜公園平和野球場

下関市営球場／高松市立中央球場／駒澤野球場

# 大阪球場

*Osaka Stadium*

# ナニワの歓楽街にあった名物球場

**STADIUM DATA**

**大阪球場**

**所在地** ： 大阪府大阪市
**開場** ： 1950年（昭和25年）9月
**閉場** ： 1998年11月
**収容定員** ： 32,000人
**左翼** ： 91.6m　**右翼** ： 91.6m　**中堅** ： 115.8m
**設計者** ： 坂倉準三

解体直前の大阪球場。開場から約半世紀。「実力のパ」の象徴だった名門チーム・南海ホークスを見守ってきた名スタジアムが、その歴史に幕を下ろした
（1999年10月1日 写真提供／朝日新聞社）

## 大阪市内に建設された初めてのスタヂアム

大阪の繁華街の代名詞「ミナミ」のど真ん中にあった名物球場が大阪球場である。漫画『あぶさん』にしばしば登場、難波の駅から至近の距離にあるなど、南海ホークスと一体のイメージがあるが、かつては近鉄バファローズや洋松ロビンス（現在の横浜ベイスターズ）が本拠地として使っていたこともある。

開場は1950年。その前年に「株式会社大阪スタヂアム」を設立し、大蔵省煙草専売局の跡地に大阪スタヂアムが建設されることになった。

## 大陽のオーナー田村のプレッシャーで突貫工事に

リーグ優勝した南海球団の陳情によりGHQ経済科学

1959年南海は巨人との日本シリーズを制し、2リーグ制導入後初の日本一に。優勝パレードに御堂筋は大いに沸いた（1959年 写真提供／朝日新聞社）

局長のマーカット少将が本拠地球場所有の許諾をしたが、大阪市内のプロ野球開催球場は集客力が高いと予想され、他社のプレッシャーを受けての突貫工事となったのであった。

それまで、関西では甲子園球場、西宮球場などでプロ野球の公式戦が行われていたが、大阪球場の誕生により大阪市内で初めてプロ野球の試合が開催されることになった。

なおこのとき、大陽ロビンス（のち大洋ホエールズを経て現・横浜ベイスターズ）のオーナー・田村駒治郎が、南海球団が1年以内に建設できなければ自社が建設を行う、と宣言した。これにより大阪球場は突貫工事での建設を強いられ、（1950年）1月の起工から約8ヵ月後の9月12日に開場となった。

起工から8ヵ月。大阪市内の野球場としては初めてとなる大阪球場が誕生した（撮影時期不詳 写真提供／朝日新聞社）

1963年8月29日の南海×阪急。降雨中断後にグラウンドを乾かすため、ガソリンを撒いて火がつけられた。そのかいあってゲームは再開され、南海が勝利した（1963年8月29日 写真提供／毎日新聞社）

1953年の日本シリーズ終了後に行われた日米野球の際のアーチ。この年はニューヨーク・ジャイアンツが来日（1953年10月 写真提供／毎日新聞社）

**左** ： 大沢啓二らの「100万ドルの内野陣」やホームラン量産の「400フィート打線」を生み出した、南海ホークス黄金時代の指揮官・鶴岡一人（撮影時期不詳 写真提供／中島宏幸）

**右上** ： 解体前に行われた「さよなら！大阪球場野球フェスタ98」では皆川、杉浦、ドカベン香川などの南海ホークスOBのサイン会や、記念品の展示などが行われた。写真はホークス応援団による最終戦のオーダートランペット演奏の様子（1998年10月18日 写真提供／読売新聞社）

**右下** ： 1988年10月15日。杉浦忠監督の「（福岡へ）行って参ります」という言葉が、南海ホークスの大阪球場最終戦をしめた（写真提供／中島宏幸）

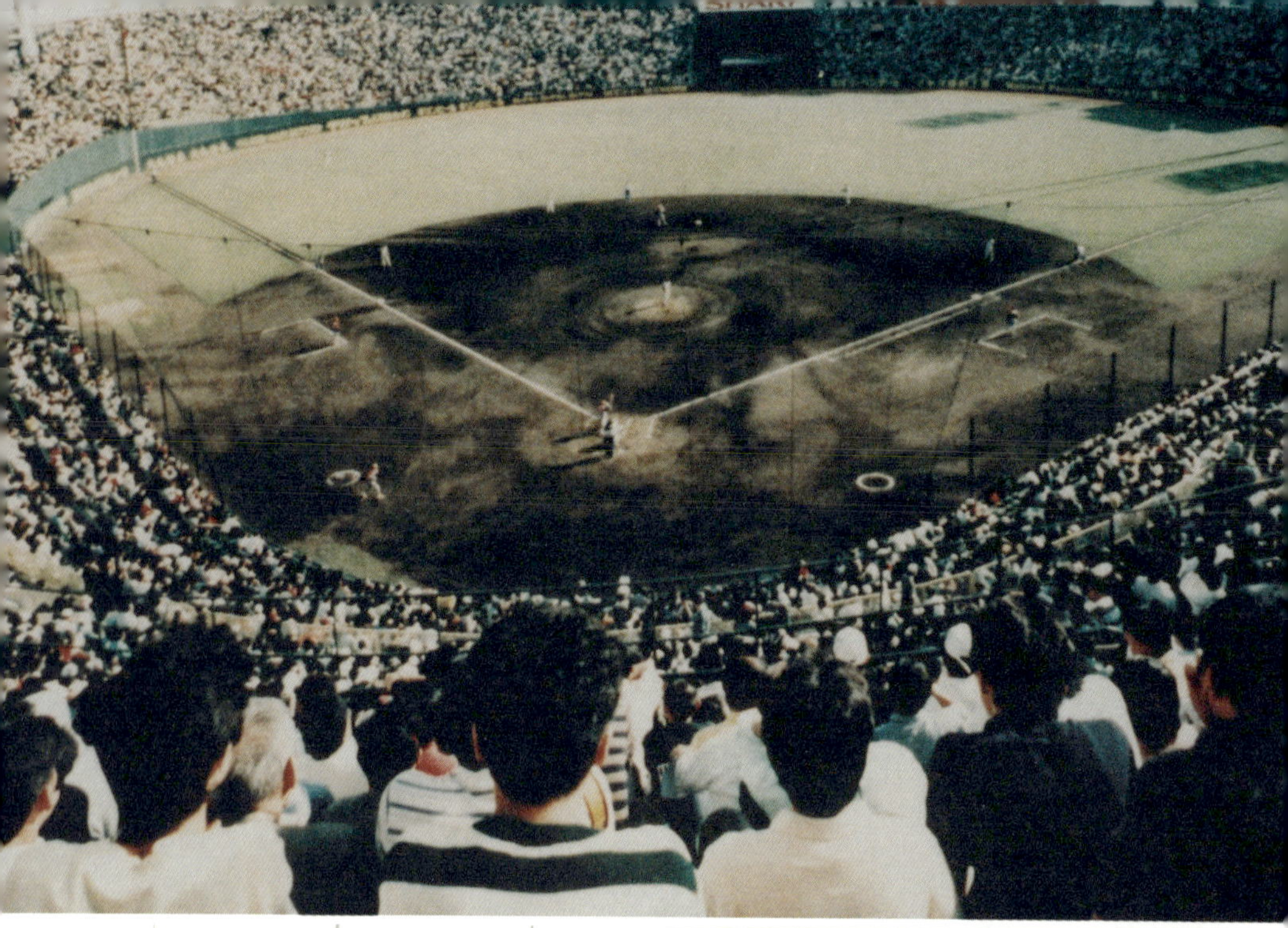

上 ： 狭い敷地に建てられた大阪球場は、急なスタンドが特徴だった（撮影日不詳 写真提供／中島宏幸）

中右 ： スタンドは「い、ろ、は、に・・・」で区分されていた（1991年3月25日 写真提供／中島宏幸）

中左 ： 解体まで残されていたスコアボード。最終戦のスコアが表示されていた（1998年10月18日 写真提供／中島宏幸）

下右 ： ホークスのチームチームカラー・グリーンで統一された1塁側のシート（1991年3月25日 写真提供／中島宏幸）

下左 ： 場内にあったインタビュー室。ここで鶴岡や杉浦といった名監督がインタビューを受けていた。なお、大阪球場最後のヒーローインタビューを受けたのは岸川勝也だった（1991年3月25日 写真提供／中島宏幸）

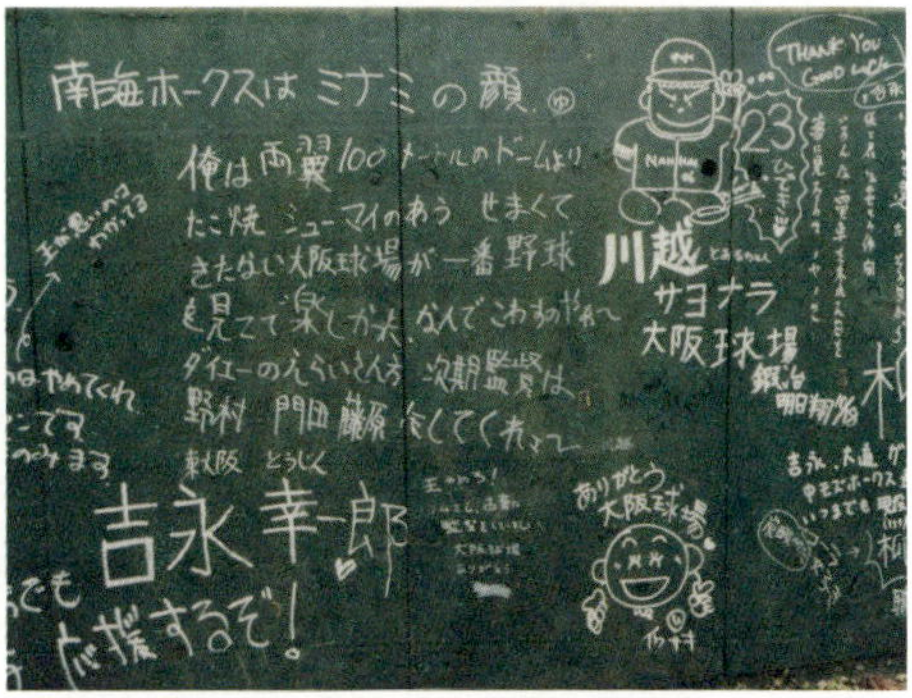

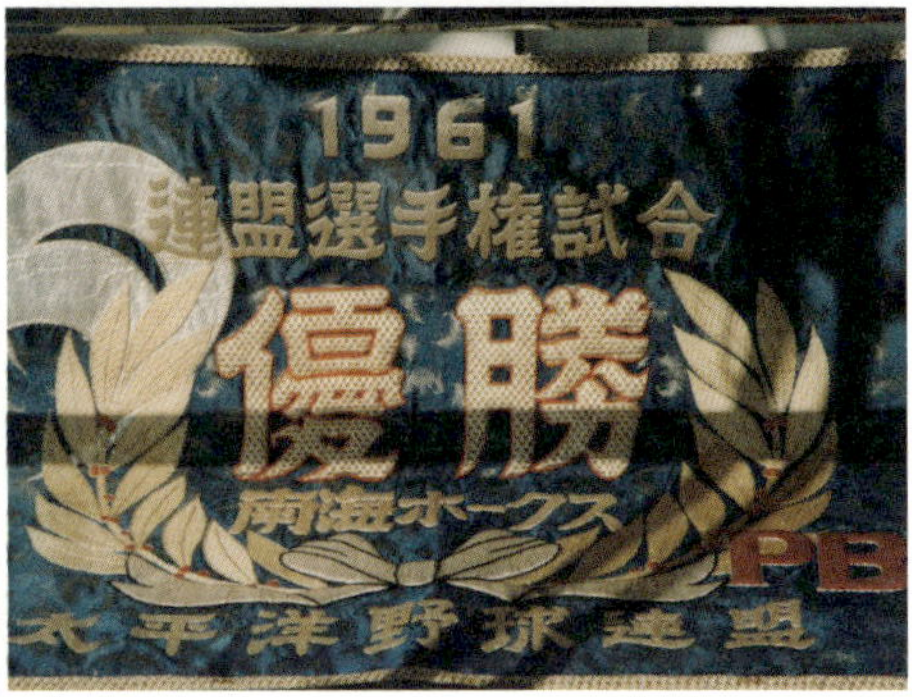

**右上 ：** 球場の受付看板。この看板にもホークスカラーが使われていた（1991年3月25日 写真提供／中島宏幸）

**左上 ：** 選手更衣室。ここは何度か改修されており、解体前でもきれいだった（1991年3月25日 写真提供／中島宏幸）

**右2段目 ：** 「さよなら! 大阪球場フェスタ98」では、外野フェンスに名残を惜しむファンが書き込みをした（1991年3月25日 写真提供／中島宏幸）

**左2段目 ：** シャワールームはかなり老朽化が進んでいた（1991年3月25日 写真提供／中島宏幸）

**右3段目 ：** 1961年、南海ホークスはパ・リーグ優勝。しかし、日本シリーズでは読売に2勝4敗で破れ、日本一はならなかった（撮影日不詳 写真提供／中島宏幸）

**左3段目 ：** 選手用バスルーム。ここも錆び・老朽化が目立つ（1991年3月25日 写真提供／中島宏幸）

**左4段目 ：** 大阪球場では最後までアナクロなスコアボードが残っていた。試合当日はこの小さな部屋が職員の戦場と化した（1991年3月25日 写真提供／中島宏幸）

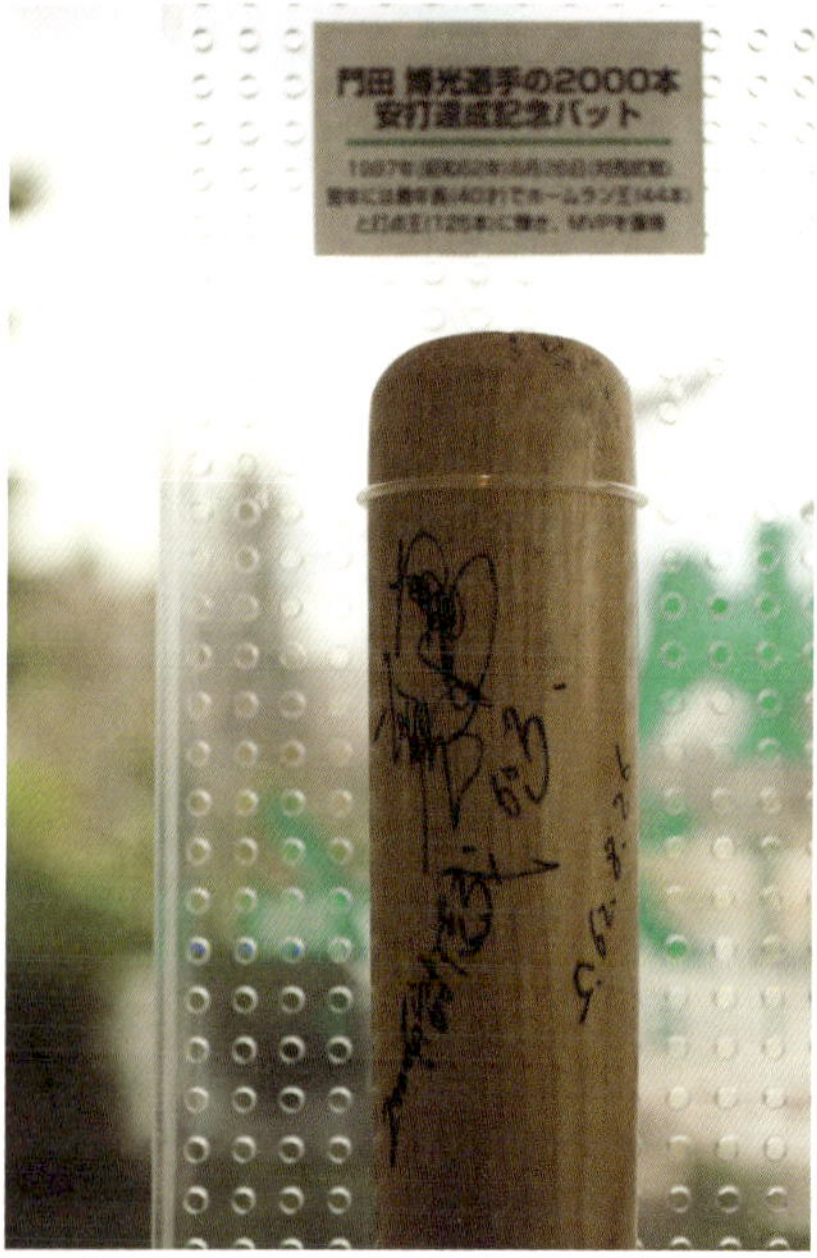


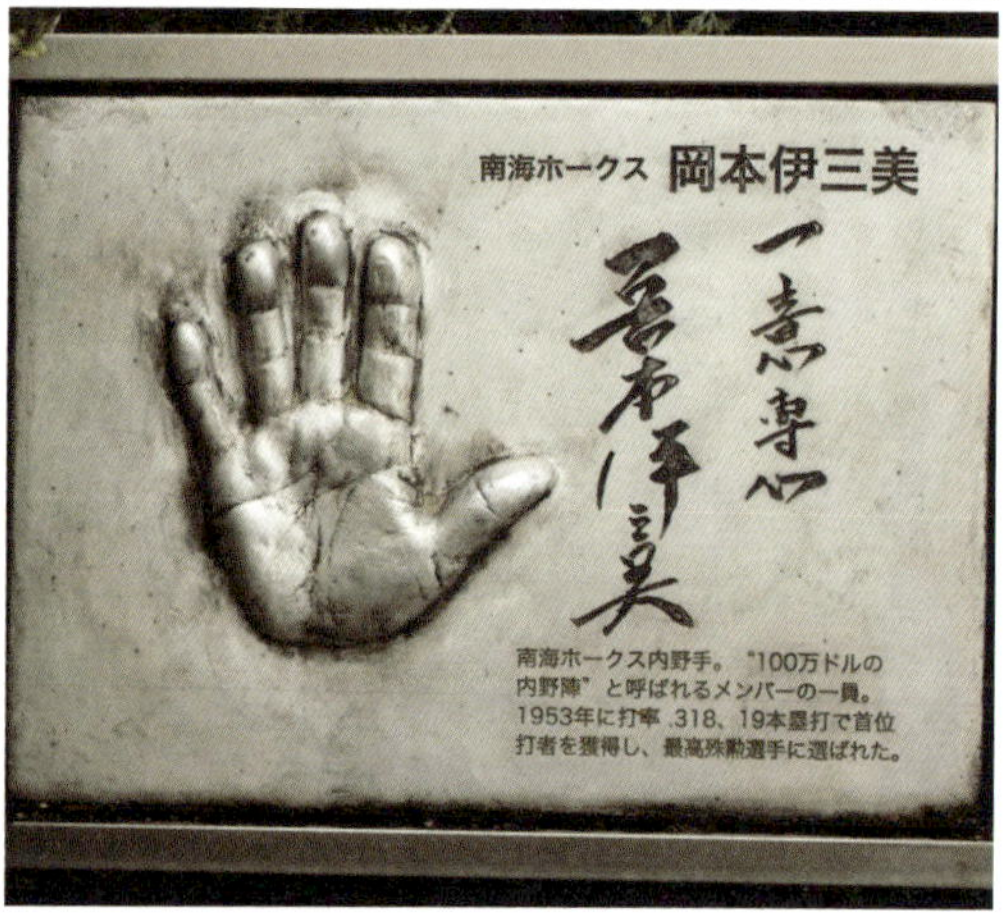


**上**：閉鎖後しばらく住宅展示場となった（1996年8月17日 写真提供／朝日新聞社）

**右**：引退後は近鉄バファローズの監督を務めた岡本伊三美も、現役時代は南海ホークスの所属だった（2010年4月15日 写真／川久保ジョイ）

**左**：門田博光が1987年8月26日に大阪球場で達成した2000本安打。その際に使用されたバット（2010年4月15日 写真／川久保ジョイ）

ネオン輝く繁華街となった現在では想像もつかないが、開場当時の大阪球場周辺は戦争の傷跡が残るバラックが点在、その中に突如として降って湧いたように巨大なコンクリート建築が現れたのであった。なお、開場翌年には在阪の球場では初のナイター設備が完成している。

## ホークスの低迷と同時に衰退へと向かうことに

建設物としての大阪球場はというと、創設時の両翼は84m、中堅が115・8mとたいへん狭かった（1972年に改修工事で両翼91mに拡張）。また、売店など店舗からのテナント料を得るべく、スタンド下に広いスペースを確保。このことで、同球場の名物となった傾斜37度の急角度なスタンドが出来上がった。球場全体がすり鉢状

右：大阪球場跡のなんばパークスにはプレート、ホームベースのオブジェが造られた（2010年4月15日 写真／川久保ジョイ）
左：入場無料のメモリアルギャラリー。リーグ優勝時のペナントやトロフィーなど、ここでしか見られない貴重なものが多数展示されている（2010年4月15日 写真／川久保ジョイ）

になっていることから、打球が反響して一種独特な音が響いた。「キーン」という高い音を銃撃音にたとえる人もいる。

グラウンドの狭さは必然的に、投手の制球力を磨くことにつながった。また、直球主体の力勝負よりも変則系の軟投派が南海ホークスに多かったのも、この球場の形態と無縁ではないだろう。1950～60年代の南海は、杉浦忠や野村克也をはじめとしたスター選手が多数在籍する人気球団だった。この時代、大阪はもとより関西の多くのファンが南海ホークスを応援するべく大阪球場を訪れたのであった。

大阪球場が斜陽の時代へと向かうきっかけとなったのは、皮肉にも長嶋茂雄や王貞治などを配した巨人軍の活躍によるプロ野球人気の隆盛だった。テ

レビでの中継も巨人戦が中心とあって、人気の中心はセ・リーグへと移っていった。また、時を同じくして母体の南海電鉄の力が弱まっていったことも、大阪球場の衰退につながった。閉場前には入場者数が５０００人を下回ることも多く、また交通の便は悪くないにもかかわらず、施設の老朽化や売店の不便さ（弁当を売っていないなど）がたたって客離れに歯止めをかけることが出来なかった。

開場2日目（１９５０年9月18日）の日没による引き分けによるファンの暴動や、審判の判定を不服とした藤村富美男（阪神）の退場宣告から始まった「大阪球場事件」、近鉄が初優勝を懸《か》けて戦った１９７９年の日本シリーズ、その最終戦の「江夏の21球」など、それぞれの時代で多くの話題を提供した大阪球場。その歴史は１９９８年10月18日のさよならイベント「野球フェスタ」の開催で静かに幕を閉じた。

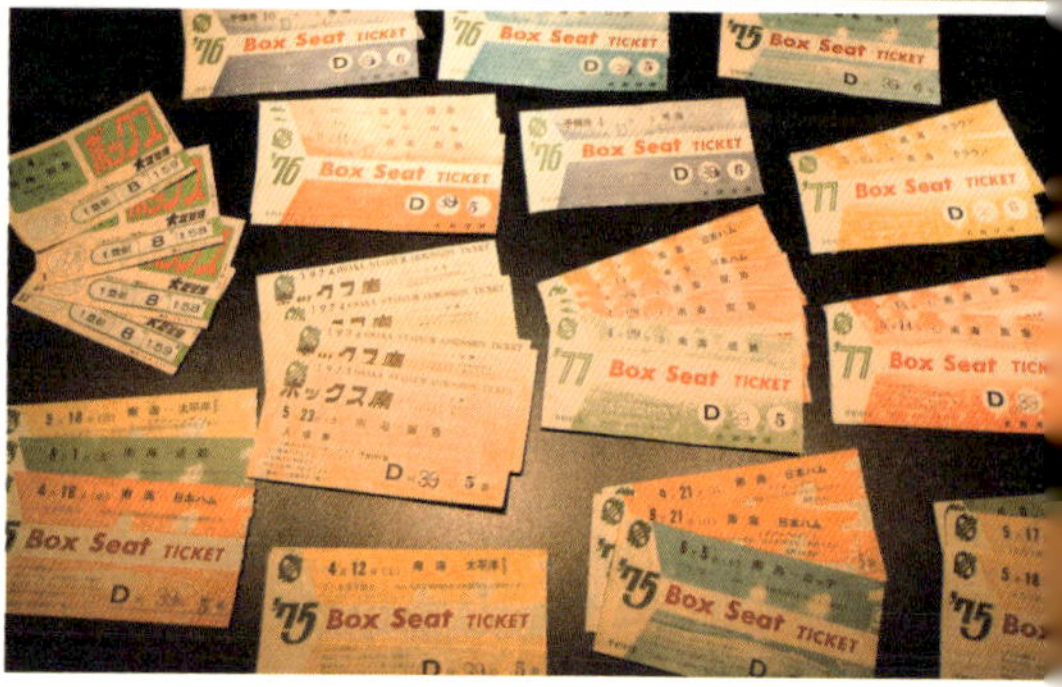


**上右**：大阪・道頓堀の居酒屋土佐武には、ホークス往年のヒーローたちの写真パネルやユニフォームが多数展示されている（2010年4月15日 写真／川久保ジョイ）

**上左**：ギャラリーの一角にあるショーケースの中には、若くして急性心不全で亡くなった久保寺雄二内野手のバッティンググローブがあった（2010年4月15日 写真／川久保ジョイ）

**下右**：南海ホークスのゲームはほとんど毎日通っていたという土佐武のオーナー、武知義一さん。チケットの日付を見ると確かに延々続いている（2010年4月15日 写真／川久保ジョイ）

**下左**：現在は福岡ソフトバンクホークス応援会の副会長を務める（2010年4月15日 写真／川久保ジョイ）

東の東京スタヂアムや後楽園球場に対し、西の大阪の野球のシンボルともいえた大阪球場の跡地は現在、「なんばパークス」という商業施設に生まれ変わり、その面影は残っていない。

その中で2階の屋外には大阪球場を記念したホームベースと、ピッチャープレートの礎が造られた。

現在、なんばパークスの利用者は大阪球場の存在を知らない世代が中心だが、立ち止まってこれらを覗き込む人も多い。

なお、同施設の中に「南海ホークスメモリアルギャラリー」と称して１９５９年の優勝ペナントや杉浦忠監督のユニフォームなどが展示されている。

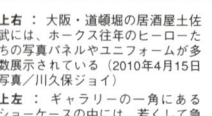

# 野球トバクに手入れ 大阪球場

## 二十九人を逮捕

### 南海―阪急 試合も中断 観衆は総立ち

優勝をかけた南海―阪急二十九回戦の十三日夜、大阪球場を埋めた三万八千人の大観衆の目の前で、野球トバクグループ二十九人が大阪府警捜査四課と浪速署に常習トバク幇助容疑で逮捕された。招待員のスタンドは突然の手入れで総立ちとなり、騒ぎで試合も一時中断された。大阪府警がこのような大がかりな規模で野球トバクグループを手入れしたのはさる三十三年以来六年ぶりで、つかまったのはほとんどがトバク常習者。同府警ではこの手入れを暴力団の資金源をたつ作戦の一つだといっている。

### 大っぴらの常連 一試合に二百万円

トバクグループがたむろしていたのはバックネット裏の最上段付近。午後九時四十分すぎ、九回裏南海の攻撃が終る直前、手入れがはじまり、試合前からグループの動きを監視していた多数の捜査四課員、浪速署員約百人がいっせいに襲いかかった。

つかまったものは直ちに浪速署にトラックで連行されたが、調べによると胴元の西宮市鳴尾小曽根町三〒自動車トバク前科四犯[redacted]ら四人と張り手の大阪市東住吉区桑津町八ノ十自営業[redacted]ら二十五人でいろいろな職業の人がいた。[redacted]らはこの日の試合に多額の現金をかけていたもので、現金百二万七千円も押収されたが、[redacted]は一人で五十余万円を持っていた。

このトバクグループは府警捜査四課と浪速、東南署がさる七月末から内偵を続けていた。内偵によると、一試合に百万円から二百万円の現金が動いていたというが、大阪球場を足場にした常習トバク者グループは、この日の手入れでほとんど全員がつかまったと捜査四課はみている。

捜査四課の調べによると、野球トバク"のやり方は、各カードごとに各イニングのトータルの得点数、数イニングの得点数、さらに各イニングの得点数に対して一回一人千円から二万円を張っていた。阪神地方の西宮、甲子園、大阪各球場には、組関係者を中心にした胴元が約十人いるといわれ、これに三十～四十人の張り手が常連としてついており、胴元はカケ金の一割をとっていた。胴元は自分たちの見ている試合のほか、他球場で行われている試合もラジオなどで結果を聞きながらトバクの対象にしていたという。いずれも各球場内野席最上段で開帳され、最近は一般の野球ファンらもトバクに引きずり込まれていた。

この野球トバクは昭和二十八年ごろからはじまったといわれ、最近はなかば公然と行われていた。逮捕された胴元次の通り。

[redacted]

### 「南海にかけたんや」 刑事に話しかける男も

阪急が三対二と一点リードして迎えた九回裏、トップバッター南海の野村が凡打に倒れると、三塁側の阪急応援席は大歓声のウズ。そのどよめきのさ中に、ネット裏の最上段席から鋭い声がとんだ。

「野球トバクの手入れをする。関係者は動くな」思い思いのふん装で、スタンドに陣取っていた刑事たちが一斉に立ちあがり、目を血走らせて勝負の行くえを見守っていた野球トバクの胴元や張り手に襲いかかった。

招待員のスタンドは捕える者、捕えられる者が入乱れてしばらくは大混乱。外野席の観客なども総立ちになり、この騒ぎで試合も二、三分中断された。

この日、試合開始前から、ぎっしり観客で埋まった球場ネット裏最上段には、トバクの常習者が二十人以上陣取り、百円札や千円札を何枚も出して、大っぴらに胴元からかけ札を買っていた。このとき大阪府警捜査四課員や、浪速署員がすっかり彼らの周囲を包囲していたのだが、勝負に熱中しすぎたトバク常習者らには目つきの鋭い刑事らも同じ仲間と見えたのだろう。「この勝負、わしは南海にかけたんや」と刑事の肩をたたいて動かぬ証拠を与えたとんまな男もいた。

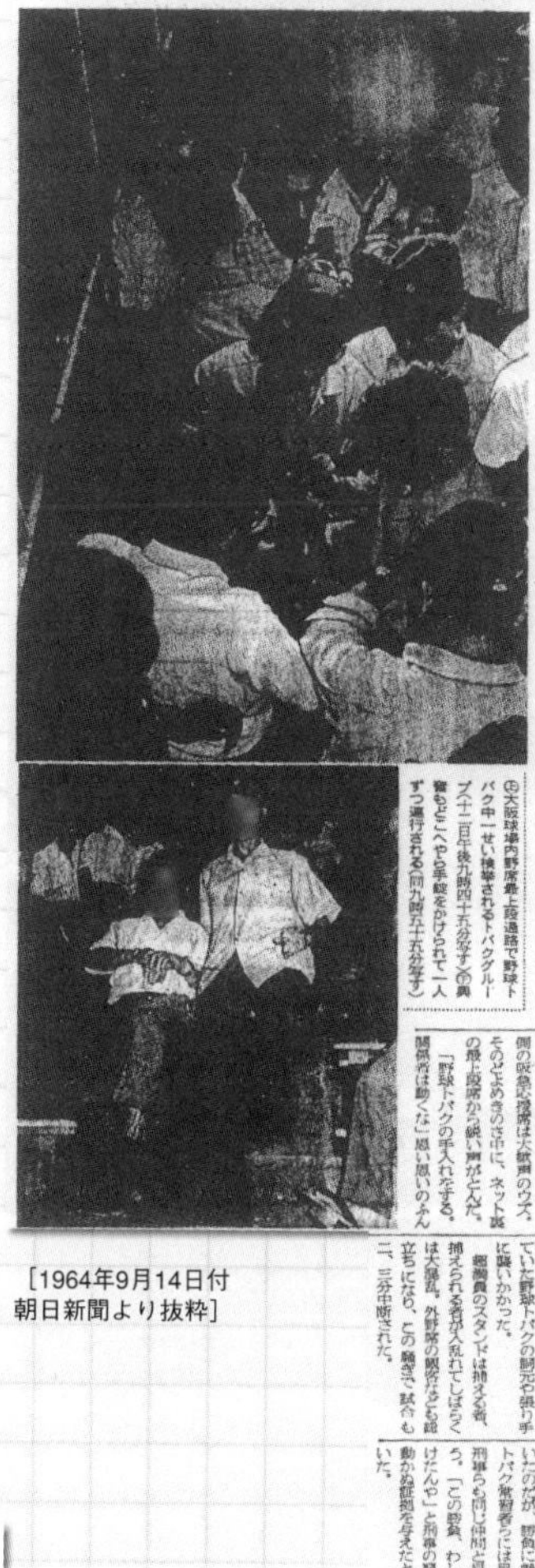

㊤大阪球場内野席最上段通路で野球トバク中一せい検挙されるトバクグループ(十三日午後九時四十五分ごろ)㊦興奮もどこへやら手錠をかけられて一人ずつ連行される(同九時五十五分ごろ)

[1964年9月14日付
朝日新聞より抜粋]

1964年9月13日 南海×阪急

## 29人逮捕のトバク取締り事件

1964年、阪急の球団初優勝に向けた大切な1戦でその騒動は起きた。米田・足立・石井とチームの主力投手3人が登板して必勝体制に入る阪急に対し、南海も皆川・杉浦の両下手投げ投手の継投でゲームは2-2で9回までもつれ込む。

そして9回表、南海・杉浦から阪急の岡村がレフトへタイムリー。3-2と勝ち越して最終回へと入った。

事件は9回裏に起こるが、伏線はその前からあった。球場周辺から集まった賭博常習者で、序盤からバックネット裏はひそかな盛り上がりを見せていたのである。「胴元」といわれるトバクの元締めに対し、百円からの大金(当時)を支払ってかけ札を購入。トバクは勝敗だけではなく、イニングスコア(その回に何点入るか、あるいは入らないか)についても行われていたという。

これに対して、ひそかに張り込んでいたのが、大阪府警捜査四課や浪速署の署員。9回裏の先頭打者、南海・野村が打ち取られたところで一斉に手入れを行った。なお、この手入れは暴力団の資金源を断つための作戦の1つとして、かなり前から計画されていたという。胴元と張り手(トバク参加者)合わせ、逮捕者は29人にも上った。

張り手の中には、試合中隣にいた観客を警察署員と知らずに、自分が賭けたチームについて解説する者もいたという。

試合は9回裏を石井が締めて27勝目。阪急初優勝に期待がかかったが、6日後の9月19日東京オリオンズ戦に破れ、叶わなかった(リーグ優勝は南海)。

# 川崎球場

*Kawasaki Stadium*

昭和の匂いが最後まで残った
前時代のスタジアム

## 建設当初は豪華仕様のスタヂアムだった

戦前、川崎には富士見球場という簡素な野球場があった。ここでは都市対抗野球の試合が行われていたが、コンクリートブロックを積んだだけの内野スタンドと、土製の外野スタンドで出来た非常に小規模なスタヂアムだったという。この富士見球場は戦争末期の1945年4月、空襲を受けて焼け野原となった。

戦後、この富士見球場があったあたりに、プロ野球の試合を行うことのできる、本格的な野球場を建設しようという動きが起こる。初代の「株式会社川崎スタジアム」社長には、小説家の久米正雄が迎えられた。同氏は文壇屈指の野球好きで知られていたのである。

当初、川崎球場はニューヨークのヤンキースタジアムを参考に総ガラス張りのバックネットのほか、場内にホテルや託児所を設けるなど、近代的な施設が計画されていたが、建設工事を受注した日本復興建設が建設半ばで倒産してしまう。これにより、川崎市が支援を行うこととなり、大林組が建設を引き継いで、予定よりは質素な造りとされた川崎球場が1952年4月に完成した。

当初の計画よりは大幅な規模縮小を迫られた川崎球場だったが、天然芝を敷いたグラウンドや選手・審判用の浴室、そして鉄筋コンクリートを使用した外壁など、当時としては立派な設備を持った野球場であった。

STADIUM DATA

**川崎球場**

**所在地** ： 神奈川県川崎市
**開場** ： 1952年(昭和27年)4月
**開場(解体)** ： 2000年8月
**収容定員** ： 26,000人
**左翼** ： 90m　**右翼** ： 90m　**中堅** ： 120m
**設計者** ： 不詳

最終日の川崎球場。グラウンドには人文字で「ありがとう」
（2000年3月26日 写真提供／読売新聞社）

上：王の「一本足打法」は川崎球場で生まれた（1977年6月13日 写真提供／読売新聞社）

下右：通算700号ホームランが達成されたのも川崎球場であった。（1976年7月23日 写真提供／読売新聞社）

下左：ライトスタンドのフェンス下の「王貞治700号落下地点記念プレート」。このプレートもは現在も保管されている（撮影日不詳 写真提供／川崎球場）

川崎球場の球場開きは降雨により予定より2日間延び、1952年の4月3日に行われた。この日のカードは大映×東急で、結果は5-3で東急が勝利した。この試合、大映の先発はヴィクトル・スタルヒン。巨人→大陽と移籍し、1948年から大映に所属していた（所属当時のチーム名は金星）。川崎球場での記念すべき第1試合の入場者数は4000人であった。

## ナイトゲームの開始で川崎市民の人気も集まる

1954年6月に川崎球場にもナイター設備が完成し、以降ナイトゲームが頻繁に開催されるようになる。このナイター設備には当時の川崎市民からの声が少なからず影響した。工場の多い川崎市の労働

上：1957年から川崎球場は大洋ホエールズの本拠地となった。開場前から長蛇の列が出来たという（1957年4月14日 写真提供／横浜ベイスターズ）
下：1960年当時。写真は大洋の私設応援団の名物団長だったという池杉昭次郎団長（1960年 写真提供／横浜ベイスターズ）

者たちが、勤務帰りに川崎球場へ野球を観に行けるようにというはからいであった。なお、この当時の球場の照明灯は東芝製、内野が１１００ルクス、外野は８００ルクスで、この当時としてはもっとも明るい照明施設を備えた野球場だったのである。

川崎球場を最初にホームグラウンドとしたのは、１９５４年に発足した高橋ユニオンズ。これはパ・リーグの総裁を務めた永田雅一の紹介で、財界に従事した高橋竜太郎がオーナーとなったプロ野球団である。１９５５年にトンボユニオンズ、さらに翌１９５６年に再び高橋ユニオンズに戻っている。ユニオンズ時代の１９５４年、川崎でのホームゲームは69試合行われたが1日の平均入場者数はわずかに３０００人ほどだったという。１９５７年に高橋は大映と合併して川崎を去っていった。さらにその2年前、１９５５年に大洋が下関から川崎へと移ってきた。

当初大洋は東京に本拠地を置くことを強く希望していたが、国鉄（スワローズ）の反対にあい、次の候補地を横浜としている。

しかし、ホームグラウンドして使用を考えていた横浜公園平和野球場は、規模が小さく使

オレンジ色のシートが鮮やかな1塁側。シートは内外野ともに1990年3月に改修工事されている（撮影日不詳 写真提供／川崎球場）

ブルペンでは2人の投手が投球練習出来た（撮影日不詳 写真提供／川崎球場）

ホームチーム・ロッテオリオンズのロッカー。虫がわいて不満を噴出させた外国人選手がいたという（撮影日不詳 写真提供／川崎球場）

用に耐えなかったため、川崎球場を選んだのであった。

　この大洋時代に、川崎球場において後にも先にも最後となる日本シリーズが行われた。1960年のことである。三原脩監督率いる大洋は日本シリーズで4連勝し、一気に日本一へと駆け上がった。リーグ優勝の際には川崎球場から川崎市役所までパレードが行われ、約1万人ものファンが集まった（日本一の際のパレードは球団本社のあった下関で開催）。しかし、川崎球場はこの大洋の優勝を境に、少しずつ斜陽へと向かっていくのだった。

　1976年に大洋のホームグラウンドが、新設された横浜スタジアムへと移動すると今度はホーム球場のない「ジプシー球団」となっていたロッテオリオンズが川崎をホームグラウンドとした。

　パ・リーグが前期・後期の二期制だった1980年には、ロッテの前期優勝で再び川崎球場が沸いたが、結局プレーオフで敗退し、日本シリーズ出場はならなかった。同年にはオールスターゲームの開催球場となり、また1984年には日米野球の開催も予定された（結局雨天中止）が、施設の老朽化は隠しようもなかった。

　男女共用のトイレや通気性

ダッグアウトには既製のベンチを設置（撮影日不詳 写真提供／川崎球場）

川崎の指定席の振り分けは「いろは」（撮影日不詳 写真提供／川崎球場）

審判用の風呂はこんなに狭かった（撮影日不詳 写真提供／川崎球場）

1960年6月に外野スタンドが完成、スタンド解体前まで、これが川崎球場の姿だった（撮影日不詳 写真提供／川崎球場）

の悪いロッカールームなどは選手や入場者に嫌われた。またグラウンドは極端に水捌《は》けが悪く、雨天が何日も続くと、その後は晴天でも試合開催が出来なくなることもあった。

また、外野席の芝生は地元の若い男女のホテル代わりとなり、バーベキューをする一団も出没するなど、この当時、川崎球場のスタンドは内外野とも機能不全となっていた。

改修のメドがつかないまま老朽化は進んだが、1988年10月19日、語り草となっている、リーグ優勝を決定づけたロッテ×近鉄のダブルヘッダーで、およそ3万人もの入場者数があった。この際に観客から多数の苦情を受け、川崎市は同球場の改修に乗り出す。

こうして、開始から3年、14億円をかけて川崎球場の改修は完了した。表面上は新しくなった川崎球場だったが、ロッカールームや選手用浴場など、裏方は旧態依然で1991年にロッテのフランチャイズが千葉に移転することが決定、川崎球場を本拠地とする球団はなくなった。

ロッテが川崎へと移っていったのちもオープン戦やファームの試合などが細々と行われてきた。しかし、1999年に耐震検査でスタンド崩壊の危険性が発覚すると、川崎球場は一時閉鎖され、それにともなってスタンドはすべて撤去されることになった。

2000年にさよならイベントとして横浜ベイスターズと千葉ロッテマリーンズのオープン戦が行われたのを最後に、野球場としての川崎球場は40年の歴史に幕を閉じた。

# 巨人、連勝でお返し

セ・リーグ

## 第1 中村完封、4ホーマー

◇川崎 第一（15回戦大洋9勝6敗）観衆約三万二千

| | | | | |
|---|---|---|---|---|
| 巨人 | 001 | 113 | 031 | 10 |
| 大洋 | 000 | 000 | 000 | 0 |

【勝投手】中村稔 6勝8敗
【敗投手】稲川 3勝3敗
【本塁打】王10号（稲川）森3号（稲川）塩原1号（グルン）藤本伸2号（藤田）

【評】15回戦＝終始巨人が押しまくった試合で大洋には全くよいところがなかった。巨人は一回のチャンスを逃がしたが、三回に王が稲川の初球を右へ本塁打。四回は森が右へギリギリに本塁打して先発の稲川を攻略。稲川は球のきれが悪かった。代ったグルンにも巨人は五回塩原が左へ本塁打し前半の得点をすべて本塁打で奪った。そして六回には二死満塁に三人目の権藤から王が中堅左へ走者一掃の適時打を放って勝負を決定づけた。

中村はよく投げた。前半は球が高目に浮くきらいがあったが後半は低目にほとんどきまっていたしスピードもかなりあった。このため大洋は散発三安打、二塁を踏むものは一人もなかった。（須崎）

洋―巨15回戦

| 【巨人】 | | 打 | 安 | 点 |
|---|---|---|---|---|
| （一） | 王 | 5 | 3 | 4 |
| （二） | 塩原 | 5 | 1 | 1 |
| （中） | 坂崎 | 4 | 2 | 0 |
| （三） | 長島 | 5 | 1 | 1 |
| （左） | 宮本 | 5 | 1 | 0 |
| （捕） | 森 | 5 | 3 | 1 |
| （右） | 相羽 | 3 | 0 | 0 |
| 打右 | [illegible] | 1 | 1 | 0 |
| 走 | [illegible] | 0 | 0 | 0 |
| （遊） | 藤本伸 | 3 | 1 | 3 |
| （投） | 中村稔 | 4 | 0 | 0 |
| 振四犠盗残 | 6 4 0 0 7 | 40 | 13 | 10 |

| 【大洋】 | | 打 | 安 | 点 |
|---|---|---|---|---|
| （中） | 近藤和 | 3 | 0 | 0 |
| （三） | アグリー | 4 | 1 | 0 |
| （右） | 森 | 3 | 0 | 0 |
| 右 | 金光 | 1 | 0 | 0 |
| （一） | マック | 2 | 1 | 0 |
| （遊） | 桑田 | 3 | 0 | 0 |
| （左） | 長田 | 3 | 1 | 0 |
| （二） | 近藤昭 | 2 | 0 | 0 |
| 打 | 松原 | 1 | 0 | 0 |
| （捕） | 土井 | 1 | 0 | 0 |
| 打 | [illegible] | 1 | 0 | 0 |
| 捕 | [illegible] | 0 | 0 | 0 |
| 打 | 鈴木武 | 1 | 0 | 0 |
| 二 | [illegible] | 1 | 0 | 0 |
| （投） | 稲川 | 0 | 0 | 0 |
| 投 | グルン | 0 | 0 | 0 |
| 打 | [illegible] | 1 | 0 | 0 |
| 投 | 権藤 | 0 | 0 | 0 |
| 投 | 大石 | 0 | 0 | 0 |
| 打 | 浜中 | 1 | 0 | 0 |
| 振四犠盗残 | 8 2 0 0 3 | 28 | 3 | 0 |

| 投手 | 回 | 安 | 責 |
|---|---|---|---|
| 中村稔 | 9 | 3 | 0 |
| 稲川 | 4 | 4 | 2 |
| グルン | 1 1/3 | 3 | 4 |
| 権藤 | 2/3 | 1 | 0 |
| 藤田 | 2 2/3 | 5 | 4 |
| 大石 | 1/3 | 0 | 0 |

▽二塁打＝長島▽併殺＝巨1

巨人先制の2点　巨人―大洋16回戦　2回表巨人1死満塁、藤本の右前安打で3塁走者長島（左端）につづき2塁から宮本も生還、捕手は島野

## 乱調の島田をたたく 第2

◇川崎 第二＝夜間（16回戦大洋9勝7敗）観衆約三万二千

| | | | | |
|---|---|---|---|---|
| 巨人 | 020 | 000 | 100 | 3 |
| 大洋 | 000 | 000 | 100 | 1 |

【勝投手】堀内 4勝5敗
【敗投手】島田源 5勝8敗
【本塁打】宮本2号（秋山）アグリー4号（堀内）

【評】16回戦＝巨人は乱調の先発島田源から二回に長島死球、宮本は右前安打、続く森はバントで送ったが池沢四球で満塁、藤本伸が0―2後の外角高目をうまく右前に打って二点を先取。七回は三人目の秋山に宮本が1―3後の好球を左へ本塁打して1点を加えた。

大洋は一人気をはくアグリーが七回に堀内の第一球を右へたたき込んで零敗を免れたが、四回一死満塁の好機にグルンと麻生の両代打が凡退したのが痛かった。それともうひと押しでフェンスの中にとびこむという大飛球が度々あったりして勝運からも見離されている感じでもあった。（須崎）

洋―巨16回戦

| 【巨人】 | | 打 | 安 | 点 |
|---|---|---|---|---|
| （一） | 王 | 4 | 0 | 0 |
| （二） | 塩原 | 4 | 0 | 0 |
| （中右） | 坂崎 | 4 | 0 | 0 |
| （三） | 長島 | 3 | 0 | 0 |
| （左） | 宮本 | 4 | 2 | 1 |
| （捕） | 森 | 2 | 1 | 0 |
| （右中） | 池沢 | 2 | 0 | 0 |
| 中 | 国松 | 0 | 0 | 0 |
| （遊） | 藤本伸 | 3 | 2 | 2 |
| （投） | 宮田 | 1 | 0 | 0 |
| （投） | 堀内 | 2 | 0 | 0 |
| 振四犠盗残 | 3 2 1 0 2 | 29 | 5 | 3 |

| 【大洋】 | | 打 | 安 | 点 |
|---|---|---|---|---|
| （中） | 近藤和 | 4 | 0 | 0 |
| （左） | 長田 | 4 | 0 | 0 |
| （遊） | 桑田 | 3 | 0 | 0 |
| （一） | マック | 4 | 0 | 0 |
| （右） | 森 | 3 | 0 | 0 |
| （三） | アグリー | 4 | 3 | 1 |
| （捕） | 島野 | 1 | 0 | 0 |
| 打 | グルン | 1 | 0 | 0 |
| 投 | 秋山 | 0 | 0 | 0 |
| 打 | [illegible] | 1 | 0 | 0 |
| 二 | 鈴木武 | 0 | 0 | 0 |
| （投） | 島田源 | 0 | 0 | 0 |
| 投 | 権藤 | 1 | 0 | 0 |
| 打 | 麻生 | 1 | 0 | 0 |
| 捕 | 土井 | 1 | 0 | 0 |
| 打 | 金光 | 0 | 0 | 0 |
| 捕 | [illegible] | 2 | 0 | 0 |
| 二 | 近藤昭 | 0 | 0 | 0 |
| 投 | 稲川 | 0 | 0 | 0 |
| 振四犠盗残 | 2 3 0 0 5 | 30 | 3 | 1 |

| 投手 | 回 | 安 | 責 |
|---|---|---|---|
| 宮田 | 3 | 1 | 0 |
| 堀内 | 6 | 2 | 1 |
| 島田源 | 2 | 2 | 2 |
| 権藤 | 2 | 2 | 0 |
| 秋山 | 3 | 3 | 1 |
| 稲川 | 2 | 2 | 0 |

▽併殺＝洋1▽失策＝巨1（王）

［1962年7月3日付 朝日新聞より抜粋］

1962年7月2日 大洋×巨人

## 試験的に始められた「一本足打法」

打撃不振に陥っていた王貞治の、復調のきっかけとなったのが「1本足打法」であった。王に1本足打法を伝授したのは当時の打撃コーチ荒川博。足を高く上げることにより、身体に「タメ」を作ることができ、またタイミングが取りやすくなる。ただし、下半身への負担は大きく、鍛えられた足腰がないと軸がぶれてしまうというデメリットもある。王は鍛錬とセンスにより、この1本足打法を自らのものとしたのだった。なおこの1本足打法は、その後も中日ドラゴンズ・立浪、ヤクルトスワローズ・池山など取り入れる選手が増えていった。

一本足打法を取り入れた第1打席は1962年7月1日の大洋戦だった。このカードはダブルヘッダーが組まれていたが、その第1試合から王は1本足打法を試みている。打順は1番。巨人の先攻で、この試合最初のバッターであった。大洋の投手は稲川誠。のちにベイスターズの寮長などを歴任する人物でプロでは通算83勝を記録している。

稲川は王の変わったバッティングフォームを見て「バカにしているのか?」と思ったという。しかし、2-0からの3球目を振りぬくと、結果はライト前ヒット。まずは成功と言ってよい結果が生まれた。

第2打席は3回。ランナー無しで王に打順が回ってきた。その初球の内角をライトスタンドへ。これが1本足打法で放った、王の最初のホームランであった。当時は、王が年間55本塁打、そして868本ものホームランを放つとはだれも思っていなかったであろう。当時の新聞には一本足打法のことについては何も触れられていない。

なお、荒川コーチはこの第1試合で結果が出なければ1本足打法はやめさせただろう、と話している。一本足打法がなかったら、王の記録は生まれていたのだろうか。

ちなみにダブルヘッダー・第2試合の王は大洋の権藤、秋山などの好投があり無安打だった。

# 後楽園球場

*Korakuen Stadium*

# プロ野球黎明期から黄金時代まで
# 半世紀を見守った——

**STADIUM DATA**

**後楽園球場**

**所在地** ： 東京都文京区
**開場** ： 1937年（昭和12年）9月
**閉場** ： 1987年（昭和62年）11月
**収容定員** ： 42,000人
**左翼** ： 90m　**右翼** ： 90m　**中堅** ： 120m
**設計者** ： 古橋柳太郎

1988年3月の東京ドーム開場に向け、1987年11月より後楽園球場の解体が始まった（1987年11月9日 写真提供／東京ドーム）

## 職業野球の開始で国内初の本格的な野球場建設へ

日本のプロ野球の歴史がスタートしたのは１９３０年代のことであった（当時は「職業野球」と呼ばれた）。この頃はまだ多くの試合をこなせる野球場がなく、早稲田大学の戸塚球場などを借りて試合が行われていた。

しかし、試合数が増えるにつれ、本格的な野球場の建設が必要となる。そして１９３６年、巨人軍の正力松太郎などの出資により、東京都内に大規模な野球場を建設することとなった。

こうして東京砲兵工廠の跡地に建てられた後楽園球場の開場は１９３７年９月。当時の後楽園イーグルス（のち大和軍、１９４３年に解散）の本

1937年9月、開場の頃の後楽園球場の外観（撮影日不詳 写真提供／東京ドーム）

拠地としてスタートした。その後まもなく、出資者であった正力松太郎の影響力から東京巨人軍のホームグラウンドとして使われるようになる。

戦後、日本野球連盟がＧＨＱに陳情して接収を解除、１９５０年には内野４灯・外野４灯のナイター設備の設置を完了した。

そして以降は年間最多の試合開催が行われるなど、国内第一のプロ野球開催球場としての地位を固めていく。同年には２リーグ制が導入されて、巨人のほかに国鉄、大映、毎日、東急の４チームが後楽園球場をホームグラウンドとしたのも同球場での試合数増加に拍車をかけた。

１９４９年にプロ野球ではホームランの出やすい「飛ぶボール」を採用、これによりホームラン量産時代へと入る。これに対して１９５３年、後楽園球場で

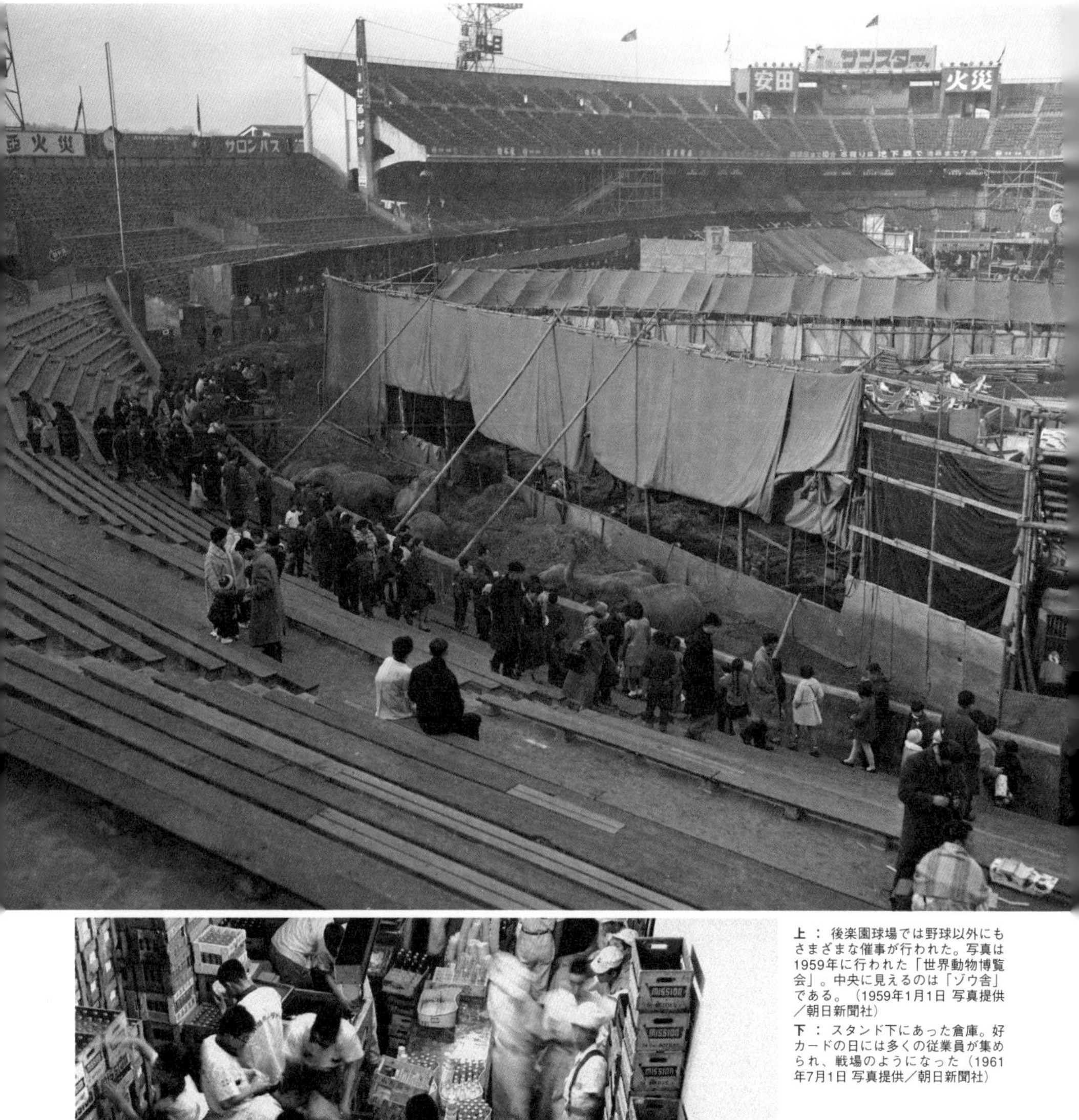

**上：** 後楽園球場では野球以外にもさまざまな催事が行われた。写真は1959年に行われた「世界動物博覧会」。中央に見えるのは「ゾウ舎」である。（1959年1月1日 写真提供／朝日新聞社）

**下：** スタンド下にあった倉庫。好カードの日には多くの従業員が集められ、戦場のようになった（1961年7月1日 写真提供／朝日新聞社）

**上右** ： 弁当の大きなケースを抱えて歩く売り子（1984年6月16日 写真提供／読売新聞社）

**上左** ： 1塁側・巨人軍のロッカールーム（1987年9月18日 写真提供／読売新聞社）

**中** ： 昭和30年頃の後楽園球場付近。手前を走るのは都電2系統（写真提供／文京ふるさと歴史館）

**下** ： 後楽園2代目のスコアボード。3番・王、4番・長嶋、キャッチャーは森と往年の名プレイヤーたちを掲示（撮影日不詳 写真提供／東京ドーム）

は、ホームランの量産を防ぐために外野にホームランを出にくくするアンラッキーネットを張った（1957年に撤去されている）。

1950年代に入って、後楽園球場でも大阪球場同様のファンによる「入場料の返金要求事件」が起こる。1957年5月14日のことで、大阪球場と同じく、ダブルヘッダーの2試合目が雨で中止になるとファンが入場料の返金を求めて暴動を起こしたのであった。このとき以降、プロ野球開催を行う各球場ではノーゲームや、試合中止の際の返金制度が定着していった。

1959年には巨人×阪神戦で昭和天皇の天覧試合、入場者4万人が見守るなか、長嶋のサヨナラホーマーで試合が決着している。この頃はまさにプロ野球黄金時代で、テレビでも盛んに中継が行われたが、その

ロッカールームの練習予定表（1987年9月18日 写真提供／読売新聞社）

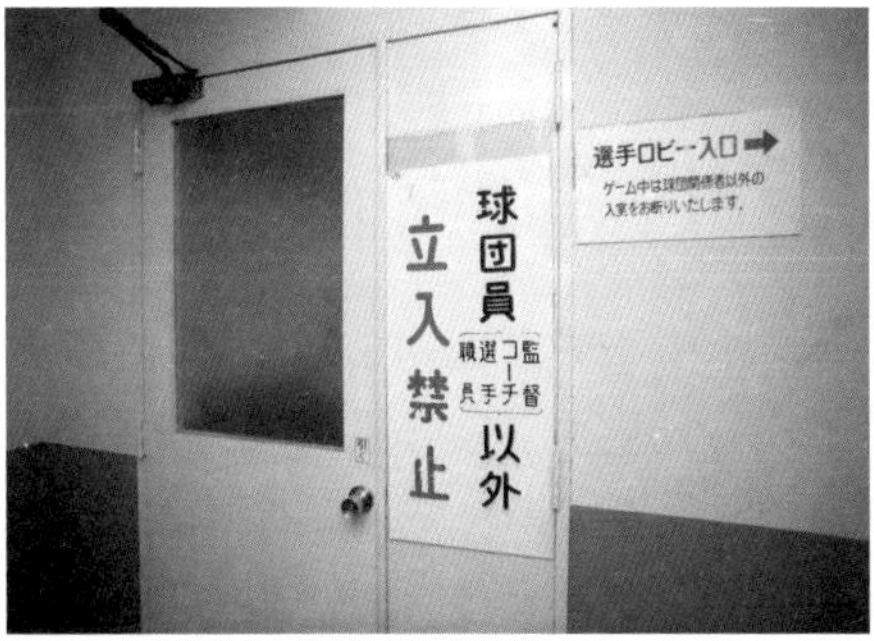

選手ロッカーへの入口（1987年9月18日 写真提供／読売新聞社）

選手用食堂。値段は格安だった（1987年9月18日 写真提供／読売新聞社）

球場内の選手用バスルーム（1987年9月18日 写真提供／読売新聞社）

中心となったのはやはり巨人戦、そして後楽園球場だった。

1976年に国内初の人工芝を敷設し、その4年後の1980年にONが引退、1981年にはオーロラビジョンが設置された。この頃に、後楽園球場の様子は少しずつ変わっていった。同時に東京ドームの建設計画も持ち上がる。

1949年に野球場に隣接して建設された後楽園競輪場（1972年に休止）の跡地にドーム球場を建設するという計画が持ち上がったのは1978年のことだった。その2年後に東京ドームのプロジェクトチームが誕生して、建設は本格的に始動した。

1980年代に入り、1981年に藤田元司監督で優勝。これが後楽園球場をフランチャイズとした読売巨人軍

上：最後の公式戦は1987年10月30日の日本シリーズ、巨人×西武第5戦だった（1987年10月30日 写真提供／読売新聞社）

下：後楽園球場解体後の跡地には900㎡もの迷路「BIG EGG」が造られた。しかしわずか半年ほどで取り壊され、東京ドームの駐車場となった（1987年12月25日 写真提供／読売新聞社）

の最後のVとなった。なお、日本シリーズの開催球場としては1978年のヤクルト×阪急で使用された。このときはヤクルトが4勝3敗で優勝。最終戦の舞台が後楽園であった。

後楽園球場をホームグラウンドとしていた日本ハムは、1981年に巨人との後楽園対決があったが、それ以降日本シリーズに駒を進めることは出来なかった。

後楽園球場の閉場は1987年11月。東京ドーム開場のわずか4ヵ月前のことだった。50年もの歴史を誇る名球場はわずか3ヵ月もの期間ですべて解体。

解体後、後楽園球場の跡地は巨大迷路や駐車場として暫定的に使われ、現在は東京ドームシティと東京ドームホテルの敷地となっている。

パ・リーグ
優勝決定戦
〈第4戦〉

パ・リーグは西武ライオンズが制した。プロ野球パ・リーグの一九八二年度優勝決定戦（プレーオフ）日本ハム―西武の第四戦は十四日午後一時から後楽園球場で行われ、西武がテリーの満塁本塁打などで打ち勝ち、三勝目を挙げて優勝を決めた。

西武の年度優勝は五十四年に西武球団となってから初めてだが、前身の西鉄時代を含めると

パ・リーグ最終成績
（前、後期通算）

| | 試 | 勝 | 敗 | 分 | 率 | 差 |
|---|---|---|---|---|---|---|
| ①西武 | 130 | 68 | 58 | 4 | .540 | |
| ②日ハム | 130 | 67 | 52 | 11 | .563 | ― |
| ③近鉄 | 130 | 63 | 57 | 10 | .525 | 2.0 |
| ④阪急 | 130 | 62 | 60 | 8 | .508 | 4.0 |
| ⑤ロッテ | 130 | 54 | 69 | 7 | .439 | 12.5 |
| ⑥南海 | 130 | 53 | 71 | 6 | .427 | 14.0 |

◇後楽園 24,000人
プレーオフ第4戦
西武3勝1敗

# 4年目西武、パを初制覇

## テリーが満塁アーチ
## 打撃戦の末に再逆転

## 重圧ヒシヒシ、手元狂い棒球 高橋一

## 会心の笑み「巨人とやりたい」 広岡監督

## 喜びも最高

## 球趣そいだ後期手抜き

西武の勝因の中で絶対に見落とせないのは、プレーオフの準備が万全だったことである。

西武は後期のスタートに3連敗。逆に日本ハムは5連勝で飛び出した。このころからプレーオフの相手は日本ハムと絞り、準備をはじめたといわれる。また、公式戦を度外視した選手の起用もかなり見られた。プレーオフでは徹底して柏原をマーク。公式戦とは手のひらをかえしたように外角一本やりの攻めで、日本ハム打線を寸断した。

西武のプレーオフ作戦はまんまと成功した。しかし、パ・リーグ全体からみると、こうした公式戦の"手抜き"はどうだろう。後期をファン無視の「消化試合」にしたからだ。堤オーナーも「申し訳なかった」といったが、後期を味気なくさせた西武の責任は大きい。後期を日本ハムと競り合っていれば、プレーオフはさらに盛り上がっていたろう。（田口）

[1982年10月16日付 朝日新聞より抜粋]

1982年10月15日 日本ハム×西武(プレーオフ)

## 西武黄金期のはじまり

パ・リーグのプレーオフ（旧）は1973年、2シーズン制導入とともに開始された。この当時は阪急の強さが際立っており、優勝チームを分散させるために考案された制度だった。初年度の1973年は前期優勝の南海と後期優勝の阪急との争いとなり、大方の予想を覆して南海が優勝した。その後、10年間でパ・リーグ6球団すべてがリーグ優勝しており、この試みは成功したといえるだろう。

この旧プレーオフ制度が採用された最後の年が、1982年であった。この年の前期優勝は同年、太平洋クラブが売却して誕生した西武ライオンズ。そして、後期優勝は大沢親分が率いる日本ハムファイターズだった。

西武2連勝のあと、日本ハムが1勝して迎えた第4戦は序盤から打撃戦となった。2回に日本ハム先発の高橋里から、西武・テリーがソロホームランを打つと、3回には日本ハムが逆転、古屋のホームランなどもあって1-4とする。4回に1点を返した西武、試合を決めたのは4回、再び助っ人のテリーだった。

好投を続けていた日本ハム・高橋一から逆転満塁ホームラン。結局7-5で西武が日本ハムを下して、日本シリーズへと進んだ。西武はこの年から25年連続Aクラスという、黄金期を迎えることになる。そのスタートがこのプレーオフでの勝負強さだった。

## 【コラムI】野球規則とアグリーメント

# プロ野球のユニフォーム

ファンブックは時代、時代で変わるユニフォームのデザインを知る貴重な資料

内村祐之（プロ野球コミッショナー）の第一高校（現・東京大学）時代のユニフォーム

（協力：東京都文京区 野球体育博物館　写真：編著者）

１９３６年に施行された公認野球規則。日々刻々と変わる野球界の状況に合わせ、毎年ルールの改正が図られている。プロ野球界ではコミッショナー事務局の中に「日本野球規則委員会」が設置されており、ここで毎年ルールの改正について検討。

近年では２００９年よりプロ野球において適用された「15秒ルール」（ランナーがいないとき、投手は捕手からボールを受けてから15秒以内に投球しない場合には審判がボールを宣告する）が同会により決められている。

ユニフォームについては「ホームチームは白、ビジターは色物を用いる」という規則があるが、プロ野球に関しては「アグリーメント」と呼ばれる特別な協定が定められており、野球規則から外れたものを使用することも。

かつて日拓ホームフライヤーズが、出場全選手すべて

体育博物館には名選手の現役時代のユニフォームも保存されている。写真は左から王貞治（巨人）、福本豊（阪急）、衣笠祥雄（広島）

が異なるユニフォームを着用して試合に臨んだことがあった。これは「レインボーユニフォーム」と呼ばれ、話題を呼んだ。

　それ以前の、1968年には中日ドラゴンズが袖のないユニフォームを取り入れたことがあった。夏季は暑さを軽減できることから選手に人気が出たが、この年は最下位に終わり、これも1年限りで取りやめとなった。

　メジャーでは、特にユニフォームに凝る傾向があり、特定の記念ゲームなどに旧デザインの復刻ユニフォームなど、特殊仕様のユニフォームを着用することも多い。

　日本では2005年の交流戦から、阪神タイガースが復刻ユニフォームを着用、これが好評だったことから、各チームで復刻ユニフォームを取り入れるケースが多くなった。

# 西宮球場

Nishinomiya Stadium

最新の流行が投入された
アメリカンスタイルのフィールド

STADIUM DATA

**阪急西宮スタジアム**

**所在地** ： 兵庫県西宮市
**開場** ： 1937年（昭和12年）5月
**閉場** ： 2002年（平成14年）12月
**収容定員** ： 40,000人
**左翼** ： 101m　**右翼** ： 101m　**中堅** ： 118.9m
**設計者** ： 阿部美樹志

1937年の開場当時の西宮球場。球場名も右書きとなっている（撮影日不詳 写真提供／阪急阪神ホールディングス）

甲子園球場に対抗してバックネット後方のスタンドには銀傘が設けられた（撮影日不詳 写真提供／阪急阪神ホールディングス）

戦後初の大会となった1946年の第28回全国中等学校優勝野球大会にて。露店のカキ氷屋に集まる学生たち（1946年8月16日 写真提供／朝日新聞社）

## 阪神タイガースへのライバル心が後押し

阪急ブレーブスの前身は1936年の阪急職業野球団。当時の阪神急行電鉄（のち阪急電鉄）・小林一三により設立された。小林は同じ在阪の鉄道会社・阪神電鉄に対し大きなライバル心を抱いていたとされ、大阪タイガース（当時）に対抗する野球チームとして発足した。なお、阪急ではそれ以前に宝塚運動協会という野球チームを所持していたこともある。

球場建設にあたり当初の計画では西宮北口駅から野球場の入口を直接結ぶ連絡通路が出来る予定だったが、阪神電鉄が所有する土地を買収することが出来ず、計画は頓挫《とんざ》した。その結果、阪急西宮スタジ

露店とは別に、外野スタンドに設けられたアイスキャンデー売り場（1946年8月15日 写真提供／朝日新聞社）

アムは西宮北口駅からは少し離れた遊戯施設「大毎フェアランド」の跡地に建設されることとなった。１９３６年に起工し、昼夜問わず行われた突貫工事により、翌１９３７年に開場した。

阪急西宮球場の仕様は当時としては豪華なものであった。日本で初めて2階建てのスタンドを持ち、グラウンドは全面天然芝。また、「ライバル」の甲子園に対抗して、スタンドには「銀傘《ぎんさん》」が設置された。なお、建設にあたって参考としたのはシカゴのリグレーフィールドほか、大リーグのスタジアムだったという。

また、１９６７年に阪急に入団したダリル・スペンサーは、球団との約束でシーズン30本塁打を打つ代わりにラッキーゾーンを３ｍ手前に設置してほしいと直訴。これを受け入れ

上：特徴的な形をしていた阪急西宮球場のバックスクリーン（撮影日不詳 写真提供／阪急阪神ホールディングス）
右：外野の一部には傘が設置された（1989年8月4日 写真提供／松岡宏）
左：阪急ブレーブスだけではなく、阪神タイガースの主催ゲームもあった（1989年8月4日 写真提供／松岡宏）

た球団がこの年に限り「狭いグラウンド」としたのであった。そのほか、西宮球場のラッキーゾーン内には控え投手のブルペンがあった。ここから阪急に因んだ「半球型」のブルペンカーに乗ってマウンドへと向かう姿は印象的であった。ラッキーゾーンは1978年に内外野席の一部を撤去して拡張されたが、1991年両翼を広げた際に撤去されている。

また、マウンドも阪急ブレーブス本拠地としての西宮球場ならではの特徴があった。阪急の大エース・アンダーハンドの山田久志が投げ易くするべく、他よりも少し低くマウンドを盛ってあった時期があったのである。

1982年にアストロビジョン（大型モニター）を備えた新しいスコアボードに変わり、西宮球場はさらに高級感を増す。なお、

上：1975年、阪急は創設40年目にして初めて日本一の座に輝いた（1975年11月2日 写真提供／朝日新聞社）

下：阪急ブレーブスとして最後の公式戦。この試合で山田久志と福本豊が引退した。試合後の「2次会」で盛り上がるブレーブスの応援団（1988年10月23日 写真提供／朝日新聞社）

この新スコアボードが出来る前、開場当時は国内では珍しい暖色系（オレンジ色）の得点表示板が使われていた。

そのほか、客席も観客に優しい造りとなっていた。トイレや入場口などが多く設置された設計となっており、また場内には多数のスピーカーが取り付けられていた。試合中に便意を催したり、弁当を買いに立ったりしたときでも、アナウンスが聞こえ易いようにと配慮された設計だったのである。内野の座席がすべてホームベース側を向いていたのも特徴的だった。

西宮球場はこうした表面的な部分だけではなく、構造面も非常に優れていた。コンクリートの使用率が・密閉率が非常に高く、阪神淡路大震災の際にも大きな被害を受けることなく残ったことからもはっきり

**上**：1990年からは人工芝に変わった（撮影日不詳 写真提供／阪急阪神ホールディングス）
**下左**：阪急ブレーブスこども会は1949年に発足。場内には30周年の記念碑があった（1996年8月23日 写真提供／松岡宏）
**下右**：阪急電鉄の西宮北口駅。球場外野席の入口方向へとつながっていた（1996年8月23日 写真提供／松岡宏）

とそれは証明されたのであった。

プロ野球の非開催日には西宮競輪を開催した場所としても知られるほか、盗塁王・福本豊とサラブレッドの競走を行ったこともある（結果は競走馬が走る気を見せず、福本の勝利）。こうしたユニークな興行が行われることも西宮球場の大きな特徴の1つだった。

時代の最先端を目指し続けた西宮球場であったが、競輪開催が中止になり収入源が減ると、施設の老朽化進んできたことから改修が検討される事はなく、２００２年12月31日で営業終了となった。

解体は２００４年９月より開始、約1年間をかけて西宮球場は姿を消した。なお解体時は、阪神大震災でも壊れなかったコンクリートに難儀したという。

《パ・本塁打》
(29日まで)
6 バナザード(ダ)
6 ウインタース(日)
5 藤井(オ)
5 ブライアント(近)
4 門田(オ)
4 ディアズ(ロ)
4 大石(近)
4 清原(西)
4 デストラーデ(西)

パ リーグ
(第4節・29日まで)

| | 試 | 勝 | 敗 | 分 | 率 | 差 |
|---|---|---|---|---|---|---|
| 西武 | 13 | 10 | 3 | 0 | .769 | |
| ロッテ | 10 | 7 | 3 | 0 | .700 | 1.5 |
| 日本ハム | 14 | 8 | 6 | 0 | .571 | 2.5 |
| オリックス | 15 | 7 | 7 | 1 | .500 | 3.5 |
| 近鉄 | 15 | 5 | 10 | 0 | .333 | 6.0 |
| ダイエー | 15 | 3 | 11 | 1 | .214 | 7.5 |

きのうの成績
▽セ・リーグ
阪神 8－2 大洋
中日 5－1 広島
巨人 11－1 ヤクルト
▽パ・リーグ
近鉄 15－2 オリックス
日本ハム 8－3 ダイエー
ロッテ 中止 西武

セ リーグ
(第4節・29日まで)

| | 試 | 勝 | 敗 | 分 | 率 | 差 |
|---|---|---|---|---|---|---|
| 巨人 | 18 | 14 | 4 | 0 | .778 | |
| 大洋 | 16 | 10 | 5 | 1 | .667 | 2.5 |
| 阪神 | 17 | 8 | 9 | 0 | .471 | 5.5 |
| ヤクルト | 15 | 6 | 9 | 0 | .400 | 6.5 |
| 広島 | 17 | 6 | 11 | 0 | .353 | 7.5 |
| 中日 | 17 | 5 | 11 | 1 | .313 | 8.0 |

# 野茂 17奪三振タイ記録

## フォークがさえる
## 打線も援護の6発

パ リーグ 29日

近鉄15－2オ 5回戦

◎…波に乗った近鉄は手がつけられない。三回、ブライアントの左前安打やトレーバーの右翼本塁打などで5点。五回には4本塁打を古溝に浴びせて前半で勝負をつけ、3連勝。野茂はフォークを決め球に、オリックスから両リーグタイの17奪三振を記録して初勝利をあげた。オリックスは投手がすべて打ち込まれ試合にならず、5連敗。

○近鉄・トレーバー 三回に81打席目の来日初アーチ。五回にも連発して「自分にもチームにもいい日になりそうだ」。前日の退場も忘れてご機嫌。

●オリックス・上田監督 なんともふがいないゲームをしたもんや。投手陣ががんばってくれなきゃ打つ方も集中力がなくなる。野茂はフォークがいい。

野茂（近）二人目の快挙 新人・野茂英雄投手(二一)＝新日鉄堺＝は二十九日、西宮球場の対オリックス5回戦で完投、17三振を奪いプロ野球タイ記録を樹立。一九六二年五月二十四日、阪急・足立光宏投手が対南海で記録して以来、二人目。

顔 近鉄・野茂

### リズム覚え プロの一歩

福原への4球目。見送ればボールかと思われた内角低めの直球にバットはクルリと空を切った。17個目の三振を奪って試合終了。

捕手の山下は「リズムだけを心がけた」という。その通り、快投の要因は、カウントを整える球と決め球とに、しっかり強弱をつけたことにあった。これまで二度の先発は、ともに中盤を過ぎたあたりで降板。投球数も150を超えた。どの球も全力で投げるため、疲れが出て四球を出し、甘い球で一発を浴びる、というKOパターンだった。しかしこの日は、気負わず各打者に入っていき、追い込んでからの決め球には全精力を注いだ。九回を投げて117球。プロの駆け引きをようやく身につけたようだ。

六回の佐藤和からフォークボール主体に五者連続三振。九回は無死一、二塁のあと、力でねじ伏せる三者三振。最後の打者・福原には「三振を取るつもりだった」といった。すべて直球で、一度もバットに当てさせないのだから、やはり並の新人ではない。

この日が五十五回目の誕生日だった仰木監督は、このプレゼントに「やっとプロとしての第一歩を歩み始めたね」の言葉を返した。本人は「この1勝がシーズンの最後に重みを持ってくればいいです」。自分の敗戦から始まった9連敗のプレッシャーからも解放されたようだ

オリックス－近鉄5回戦 奪三振17のタイ記録を達成して初勝利。捕手山下の祝福を受け笑顔いっぱいの野茂 ＝西宮

◇西宮 33,000人
5回戦 オ3勝2敗

| | | | | |
|---|---|---|---|---|
| 近鉄 | 005 | 242 | 002 | 15 |
| オリックス | 001 | 100 | 000 | 2 |

勝 野茂 1勝2敗
敗 伊藤敦 1敗
本 トレーバー 1号③(伊藤敦) 2号①(古溝)
鈴木 1号①(古溝)
中根 1号①(古溝)
山下 1号①(古溝)
ブライアント 5号②(関口)

| 近鉄 | | 打 | 安 | 点 | 本 | 率 |
|---|---|---|---|---|---|---|
| (二) | 大石 | 3 | 1 | 0 | ④ | .317 |
| (左) | 新井 | 5 | 2 | 1 | ① | .245 |
| (指) | ブライアント | 6 | 3 | 3 | ❺ | .288 |
| (一) | トレーバー | 6 | 3 | 6 | ❷ | .322 |
| (三) | 金村 | 5 | 0 | 0 | | .240 |
| (右) | 鈴木 | 4 | 2 | 1 | ❶ | .208 |
| (中) | 中根 | 5 | 4 | 1 | ❶ | .379 |
| (捕) | 山下 | 3 | 1 | 1 | ❶ | .208 |
| (遊) | 安達 | 1 | 0 | 0 | | .214 |
| 打 | 村上 | 1 | 1 | 2 | ① | .306 |
| 遊 | 米崎 | 3 | 1 | 0 | ① | .211 |

振 球 犠 併 残
4 4 3 1 7 42 18 15 .266

| オリックス | | 打 | 安 | 点 | 本 | 率 |
|---|---|---|---|---|---|---|
| (三) | 松永 | 3 | 1 | 1 | ② | .362 |
| 三 | 山越 | 0 | 0 | 0 | ① | .160 |
| (中) | 本西 | 2 | 0 | 0 | ① | .333 |
| 打中左 | 佐藤和 | 2 | 0 | 0 | | .250 |
| (一) | ブーマー | 2 | 1 | 0 | ① | .345 |
| 一 | 村上 | 2 | 1 | 0 | ① | .500 |
| (指) | 門田 | 3 | 1 | 0 | ④ | .259 |
| 走指 | 山森 | 0 | 0 | 0 | ① | .500 |
| (左) | 石嶺 | 3 | 1 | 0 | ③ | .255 |
| (右) | 熊野 | 1 | 0 | 0 | | .280 |
| 右 | 藤井 | 3 | 1 | 0 | ⑤ | .205 |
| (遊) | 弓岡 | 1 | 0 | 0 | ① | .300 |
| (二) | 福良 | 3 | 0 | 0 | | .100 |
| 二 | 福原 | 1 | 0 | 0 | | .500 |
| (捕) | 藤田 | 2 | 0 | 0 | ③ | .379 |
| 捕 | 中嶋 | 1 | 0 | 0 | | .138 |
| (遊) | 小川 | 2 | 0 | 0 | | .285 |
| 中 | 高橋智 | 1 | 0 | 0 | ① | .231 |

振 球 犠 併 残
17 2 0 0 5 32 6 1 .280

| 投手 | 回 | 打 | 安 | 振 | 球 | 責 |
|---|---|---|---|---|---|---|
| 野茂 | 9 | 34 | 6 | 17 | 2 | 2 |
| 伊藤敦 | 3 1/3 | 17 | 6 | 1 | 1 | 7 |
| 古溝 | 1 2/3 | 14 | 7 | 0 | 2 | 6 |
| 関口 | 3 | 13 | 3 | 2 | 1 | 0 |
| 今井 | 1 | 5 | 2 | 1 | 0 | 2 |

二 福良 ブライアント
トレーバー 中嶋 米崎
盗 松永 暴 野茂2
2時間48分

1990年4月29日 オリックス×近鉄

[1990年4月30日付 朝日新聞より抜粋]

## リズムが生んだ大投手のプロ初勝利

メジャーに移ってから2度のノーヒットノーランを達成するなど、何かと記録に縁のあった野茂英雄。日米通産201勝を挙げた大投手の初勝利は、史上2人目という大記録となった。

プロ入り後いずれも自らの四球でリズムを崩し、ファンの期待を裏切っていた野茂の4試合目の登板は、西宮球場でのオリックス戦だった。この試合では、これまでとは別人のように落ち着いた投球。決め球にのちに野茂の代名詞となる落差の大きいフォークボールを使い、6回から7回には5者連続三振という派手なパフォーマンスも見せる。序盤に味方が大量点をプレゼントしてくれたことも、投球テンポのよさにつながった。球数117球で、四球はわずか2つと、コントロールが課題だった野茂らしからぬ投球内容だった。3回、4回に1点ずつ奪われたが、完投で奪三振は17。初勝利に「1試合最多奪三振」という記録で花を添えた。

結局このシーズンは18勝8敗という成績で新人、MVPのほか最多勝、最優秀防御率、最優秀勝率、最多奪三振の4冠、そして沢村賞にベストナインとタイトルを総ナメにする。

最多勝と最多奪三振はこの年から始まって4年連続。メジャー移籍前の94年こそ、右肩痛により後半戦の出場が叶わず8勝に終わったが、国内ではほぼ完璧な成績を残したのだった。

# 日本生命球場

*Nihonseimei Stadium*

# アマチュア専用球場から<br>近鉄球団の本拠地へ大出世

STADIUM DATA

**日本生命球場**

所在地 ： 大阪府大阪市
開場 ： 1950年（昭和25年）6月
閉場 ： 1997年（平成9年）12月
収容定員 ： 20500人
左翼 ： 90.4m　右翼 ： 90.4m　中堅 ： 116m
設計者 ： 不詳

アマチュア専用球場から1億2千万円をかけて改修、2万人以上を収容出来る立派なスタヂアムに生まれ変わった（1963年7月1日 写真提供／朝日新聞社）

## 外野にふくらみの無い ホームラン量産球場

日本生命傘下の球場ながら、非常に質素な造りの野球場として知られていた日本生命球場。かつては女性トイレが備わっていなかった、ということからもこの野球場がいかに「前時代的」な場所だったかがわかろうというものだ。

日生球場設立のきっかけの１つは終戦後、日本生命硬式野球部の専用グラウンドがなかったことによる。プロ野球の試合開催を目的とした球場ではなかったことも、日生球場に他球場のような設備が整っていなかったことにつながっている。

１９５０年６月の開場当初は用地の買収がうまくいかなかったこともあり、外野にふくらみのない長方形のグランドであった。この形状から非常にホームランが出やすい野球場として知られていた。収容人員は内野が１万４０００人、外野が９０００人の合計２万３０００人で、外野席はすべて芝生席だった。

１９５０年７月１日に毎日×南海のプロ野球公式戦が行われるが、その後日本生命がアマチュア専用球場としたとあって１９５４年から約４年間の間、日生球場ではプロ野球の試合は行われていない。

プロ野球の試合が頻繁に行われるようになったのは、１９５８年に近鉄パールス（のちバファローズ）が準本拠地として日生球場を使用したい旨を日本生命に申し入れたことによる。当時近鉄がホームグラウンドして使用していた藤井寺球場には照明設備がなく、ナ

イトゲームの際にはもっぱら大阪球場を利用していた。しかし、大阪球場は南海ホークスの本拠地だったこと、また大阪球場貸借の際の使用料が高価だったことから照明機器を備えた新しい球場を探し求めていたのだった。日生球場に照明器具はなかったが、近鉄が1億2000万円をかけて、改修工事を行った。なおこの当時、近鉄には名古屋（ナゴヤ球場）へ本拠地を移転する、という案もあったが中日ドラゴンズがナゴヤ球場を使用していたことから断念している。

改修工事で照明設備が整い、プロ野球のゲームにも使えるスタジアムとなった日生球場だったが、規模の小ささまでカバーすることは出来なかった。2万5000人という収容人数では日本シリーズの試合で使用することはできず、またオールスターゲームも日生球場で行われることはなかった。それでも、藤井寺球場に照明機器が設置されるまでの間、近鉄のメインのホームグラウンドとなり、1960年代にはおおむね年間60試合以上が日生球場で行われた。

もっとも、日生球場に対する選手の評価はあまり良くなかったようだ。シャワーの使い勝手が良くないなど、設備の老朽化が主な不満の原因だったようだ。

1984年に、近鉄のもう1つのホームグラウンドである藤井寺球場に照明設備が完備されると、日生球場でのプロ野球開催は少なくなる。その1984年、近鉄バファローズの日生球場でのゲームはわずか19試合。また翌年からはさらに試合数は少なくなってゆき、

**右頁上**：1950年6月、開場前の日本生命球場。戦後まもなくで資材などは不足、建設は手作業で行われた（写真提供／朝日新聞社）

**右頁下**：改修間もない日本生命球場。プロ野球人気を象徴するように大勢のファンがスタンドを埋めた（1963年7月1日 写真提供／朝日新聞社）

**上右**：1979年プレーオフで阪急に勝ち、近鉄がリーグ優勝。ビールかけは日本生命球場のグラウンドで行われた（1979年10月16日 写真提供／朝日新聞社）

**上左**：日本生命球場の照明機器設置は、1958年の近鉄本拠地化の際に行われた（撮影日不詳 写真提供／近畿日本鉄道）

**下**：スタンド下の売店は近鉄観光による営業だった（1996年4月6日 写真提供／松岡宏）

上 ： 日本生命球場はアマチュア専用球場として建設された（1996年4月6日 写真提供／松岡宏）

下 ： 昭和30年代には「満員札止め」となることもあった（1963年7月7日 写真提供／朝日新聞社）

１９９７年に大阪ドームが開場することが決まると、その前年の１９９６年５月９日の近鉄×ダイエーの試合を最後に閉鎖されることが決まった。なお、この最後の試合で、敗れたダイエーホークスのファンから監督の王貞治が生卵をぶつけられるという不名誉な事件が起こってしまった。設備などの改築が遅れ、不遇をかこった時代の永かった日生球場、最後にこのような事件で全国に名を知られることになってしまったのは皮肉だというほかはないだろう。

なお、閉鎖後しばらくスタンドの一部などが残っていたが、現在は完全に取り壊されて跡形もない。

そして唯一、そこに球場があったことを示すのは歩道に造られた野球場をあしらった路面ブロックだけである。

| | 試 | 勝 | 敗 | 分 | 率 | 差 |
|---|---|---|---|---|---|---|
| 西武 | 6 | 5 | 1 | 0 | .833 | |
| オリックス | 8 | 5 | 2 | 1 | .714 | 0.5 |
| ロッテ | 5 | 3 | 2 | 0 | .600 | 1.5 |
| 日本ハム | 8 | 4 | 4 | 0 | .500 | 2.0 |
| ダイエー | 8 | 2 | 5 | 1 | .286 | 3.5 |
| 近鉄 | 7 | 1 | 6 | 0 | .143 | 4.5 |

パ・リーグ打撃10傑
(第3節・18日まで)

| | 率 | 打 | 安 | 点 |
|---|---|---|---|---|
| ①ディアズ(ロ) | .471 | 17 | 8 | 7 |
| ②バナザード(ダ) | .429 | 28 | 12 | 10 |
| ③西村(ロ) | .412 | 17 | 7 | 0 |
| ④伊東(西) | .409 | 22 | 9 | 6 |
| ⑤清原(西) | .400 | 20 | 8 | 7 |
| ⑥大石(近) | .379 | 29 | 11 | 2 |
| ⑦辻(西) | .375 | 24 | 9 | 2 |
| ⑧秋山(西) | .364 | 22 | 8 | 7 |
| ⑧田辺(西) | .364 | 22 | 8 | 5 |
| ⑩ブリューワ(日) | .360 | 25 | 9 | 5 |

パ・リーグ投手成績
(第3節・18日まで)

| | 防率 | 試 | 勝 | 敗 | S |
|---|---|---|---|---|---|
| ①園川(ロ) | 0.00 | 1 | 1 | 0 | 0 |
| ②佐藤誠(日) | 1.00 | 1 | 1 | 0 | 0 |
| ②渡辺智(西) | 1.00 | 1 | 1 | 0 | 0 |
| ②工藤(西) | 1.00 | 1 | 1 | 0 | 0 |
| ⑤柴田(日) | 1.69 | 2 | 1 | 0 | 0 |
| ⑥吉井(オ) | 1.86 | 2 | 2 | 0 | 0 |
| ⑦郭(西) | 2.00 | 1 | 1 | 0 | 0 |
| ⑧村田(ロ) | 2.12 | 2 | 2 | 0 | 0 |
| ⑨星野(オ) | 3.50 | 2 | 1 | 0 | 0 |
| ⑩佐藤義(オ) | 3.86 | 2 | 1 | 0 | 0 |

<パ・本塁打>
(18日まで)
5 バナザード(ダ)
4 藤井(オ)
4 ウインタース(日)
3 ディアズ(ロ)
3 清原(西)
3 門田(オ)

# 門田一振り 野茂崩す

近鉄―オリックス2回戦、2回表オリックス無死、門田、右翼に先制本塁打を放つ＝日生

## 藤井と藤田も一発
## 近鉄どろ沼6連敗

パ・リーグ 18日

オ11―4近鉄 2回戦

オリックスは二回、先頭の門田が野茂の直球を右へ本塁打。一回を3者三振で滑り出した野茂の鼻っ柱を折り、さらに藤井の右本塁打、小川の二塁打などで、計3点を奪った。野茂は中盤、立ち直りかけたが、七、八回に四球を出しては連打を浴びる前回と同じパターン。近鉄打線は毎回の14安打を放ちながら四回の無死満塁で得点できないなど粗い攻めで6連敗。

○オリックス・藤井 野茂の直球を打ち、早くも4号本塁打。「どんづまり。日生ホームランですよ。野茂君は速いけど、タイミングは取りやすい」

●近鉄・野茂 12三振を奪いながら7失点。「球自体は、良かった。でも四球を出してから打たれたのが不満。二度あることは三度あるかな…」

### 安打数は増えるが…

「三、四回で1本出ていたら…」と、仰木監督は苦しい笑いを浮かべた。開幕戦の勝利以後これで6連敗。小野、加藤哲、最近は風しんのために山崎、佐々木までも欠く投手陣とはいえ、ここまで負けが続くとは監督も予想しなかっただろう。「ヒットの数は増えている。近いうちに勝てるでしょう」という言葉も、むなしく響いた。

外野席

### 速球魅力だが 制球力こそ命

一億円ルーキー・野茂がまた制球難に泣いた。最初の登板(西武1回戦)でも、速い球を投げながら、7安打、自責点4で降板。この日も二、七回に甘いコースをことごとく長打されて失点を重ね、プロの厳しさを味わった。

二回は、先頭の門田に初球、真ん中よりの速球を狙われ、ライナーで右翼席に。一死から藤井にも内角の直球を打ち込まれ、なおも、四球のあと小川にまで右中間に二塁打されて3点をとられた。「いますぐにでも10勝はできるだろう」といわれていた期待の新人が早くも壁に突き当たっている。

時速140キロ以上の速球は確かに魅力だが、それも際どいコースに決まってこそ威力が発揮できるもので、甘いコースでは無用の長物にしか過ぎない。きわどいコースに投げられないため、苦しまぎれにカーブやフォークを多投して逃げようとしたが、後半につかまっている。投手にとって最も大切なのは「制球力」であることを身にしみて知ったことだろう。(山本敏)

顔 オリックス・門田

### 一球で泣く 怖さ教えた

日生球場の外野のむこう側には、いくつもビルが並んでいる。夕日が当たると、その壁がきれいなオレンジ色に染まる。二回、本塁打はそのオレンジ色に吸い込まれ、右翼スタンドではねた。そして、これが両チームの明暗を分けることになった。

一回、オリックスは初対決の野茂の前に3者連続三振。決め球はいずれも直球だった。二回、先頭の門田は「これはヤマを張らないと――」と思いながら打席へ。当然、狙いは直球。「野茂君の手から球が離れる前に振りにいった」という初球を狙ったスイングは、タイミングがどんぴしゃり。会心の当たりは野茂の動揺を誘い、この回藤井の右本塁打、小川の二塁打と味方の打撃にも火をつけた。そして、このあと変化球投手に変わった野茂を八回一気にKOした。

「出合い頭だから余裕もわからんわ」と照れた。が、完全に読み勝ちした大ベテランは、自信あふれた笑みを浮かべる。

「打ちにくいとは確か。僕もワクワクして彼のことを見ているよ」と相手をたたえることも忘れない。「でも、彼もこれから『たった1球でも泣く』ということを覚えていくんだろうね」。四十二歳の主砲は、野茂に野球の厳しさをしっかり教えた。

◇日生 18,000人
2回戦 オ2勝

| | | |
|---|---|---|
| オリックス | 030 000 152 | 11 |
| 近鉄 | 002 000 011 | 4 |

勝 ホフマン 1勝
敗 野茂 2敗
本 門田 3号① (野茂)
藤井 4号① (野茂)
藤田 1号③ (入来)
ブライアント 2号① (酒井)

| オリックス | 打 | 安 | 点 | 本 | 率 |
|---|---|---|---|---|---|
| [illegible] | | | | | |
| 振球犠併残 14 8 0 2 7 | 36 | 11 | 11 | | .242 |

| 近鉄 | 打 | 安 | 点 | 本 | 率 |
|---|---|---|---|---|---|
| [illegible] | | | | | |
| 振球犠併残 7 3 0 0 11 | 39 | 14 | 4 | | .263 |

| 投手 | 回 | 打 | 安 | 振 | 球 | 責 |
|---|---|---|---|---|---|---|
| ホフマン | 7 | 31 | 10 | 5 | 1 | 2 |
| 酒井 | 2 | 11 | 4 | 2 | 2 | 2 |
| 野茂 | 7 1/3 | 34 | 5 | 12 | 7 | 7 |
| 入来 | 1/3 | 7 | 4 | 0 | 2 | 4 |
| 山田 | 1 | 4 | 2 | 2 | 0 | 0 |

二 小川 中根 藤田 盗 大石 暴 石嶺 3時間42分

◇平和台 15,000人
2回戦 1勝1敗

| | | |
|---|---|---|
| 日本ハム | 000 040 400 | 8 |
| ダイエー | 041 021 001 | 9 |

勝 井上 1勝1敗
S 角 1敗1S
本 佐々木 2号① (武田)
ウインタース 4号② (吉田豊)
広瀬 1号満 (井上)
バナザード 5号① (角)

| 日本ハム | 打 | 安 | 点 | 本 | 率 |
|---|---|---|---|---|---|
| [illegible] | | | | | |
| 振球犠併残 11 5 1 1 9 | 38 | 12 | 8 | | .267 |

| ダイエー | 打 | 安 | 点 | 本 | 率 |
|---|---|---|---|---|---|
| [illegible] | | | | | |
| 振球犠併残 5 9 2 0 7 | 29 | 9 | 9 | | .202 |

| 投手 | 回 | 打 | 安 | 振 | 球 | 責 |
|---|---|---|---|---|---|---|
| [illegible] | | | | | | |
| 吉田豊 | 5 | 25 | 9 | 8 | 1 | 1 |
| 井上 | 2 | 12 | 2 | 2 | 2 | 2 |

二 小川史 田村 嶋田信 白井一 ブリューワ 藤本博 広瀬 バナザード 盗 白井一 湯上谷 佐々木 暴 中島 4時間8分

[1990年4月20日付 朝日新聞より抜粋]

1990年4月19日 近鉄×オリックス

## 野茂がぶち当たったプロの壁とは

野茂英雄の初登板は1990年4月10日。対西武戦であった。1回表に清原和博から三振を奪ったが、7安打を浴び自責点は4で初登板・初勝利はならなかった。球は速いがコントロールが定まらない。これがプロでは大きな弱点となった。

続く2度目の当番が4月19日のオリックス戦だった。初回は圧巻の三者連続三振でスタート。プロ入り初白星か、と思われたが2回に早くもプロのきつい洗礼を受けることになる。先頭打者は門田博光。その初球だった。ストレートにヤマを張った門田は、野茂の手から球が離れる前に振りにいったという。

芯でとらえた打球はライトスタンドへと吸い込まれていった。この回、野茂はさらに藤井康雄にも1発を浴びて3失点。その後は、好投を続けたが7回8回と四球から崩れる悪いパターンで2敗目を喫することとなってしまった。この日奪った三振は12。被安打はわずか5だったが7四死球で自責点7と、味方の攻撃のリズムを作ることができなかった。

門田は野茂の球を「打ちにくいことは確か」とコメントしたが、やはり甘く入るとプロでは許してくれない。

球が速いだけでは通用しない、細かいコントロールがないとプロで飯を食っていくことはできない、ということを野茂に教え込んだ。

# 東京スタジアム

*Tokyo Stadium*

江戸っ子の暮らす下町に突如現れた
「光のスタジアム」

## 大毎社長の夢が形になった「東京」のスタジアム

大阪・難波の大阪球場と同じく、東京にも下町に名物球場があった。東京・荒川区の東京スタジアムである。

大毎オリオンズは1960年当時、後楽園をホームグラウンドとしていたが、同時に読売、国鉄も後楽園球場を本拠地としており、この3球団で試合日程の調整を行っていた。

この頃、世の中に「人気のセ・リーグ、実力のパ・リーグ」という評価が定着して、パ・リーグ球団のオーナーはみな一様にセ・リーグ、特に巨人に対して特別な意識を抱いていた。大毎の永田雅一もまた同じ思いだった。その永田にとって巨人のシンボルである後楽園球場以上に立派な野球場を都下に持つことは夢だった。

永田が目をつけたのは、明治新政府によって設立された、荒川区南千住の千住製絨所《せいじゅうしょ》（被服の生地を製造していた）を継いだ大和毛織の工場跡だった。

1961年7月の着工からわずか1年ほどで完成した東京スタジアムは、ポール型の照明塔、日本初のゴンドラ席、座席への通路にスロープを採用など、画期的な設備が多数備わった野球場であった。設計の際に参考としたのはサンフランシスコのキャンドルスティック・パーク。スタンドは2層式でエリアによって赤・青・黄色と塗り分けられ、また1つひとつのシートはゆったりとスペースがとられていた。

下町に建設された野球場らしい特徴もあった。敷地の狭さ

STADIUM DATA

**東京スタジアム**

所在地 ： 東京都荒川区
開場 ： 1962年（昭和37年）5月
閉場（解体） ： 1977年（昭和52年）4月
収容定員 ： 35000人
左翼 ： 90m　右翼 ： 90m　中堅 ： 120m
設計者 ： 竹中工務店

コンクリート巨大施設が突然現れたインパクトは相当のものだったのではないか（1962年5月31日 写真／村井修）

から両翼を広げることが出来ず、全体が正方形に近い四角形。両翼90m、中堅１２０mと当時としても広い野球場ではなかった。このため「ホームラン量産球場」と呼ばれた。また、試合終了後に野球場の照明を消すと蛾が民家に一斉に飛び込んだ、というエピソードも残されている。

外野照明の照度は１３００ルクス。この明るさにより東京スタジアムは「光のスタジアム」と形容された。また、永田雅一オーナーは「これなら後楽園球場にも負けない」と胸を張った。

球団は「開場当日に観客数が少ないと恥をかく」として、スタジアムの周辺住民に無料のチケットを約15万枚配ったという。

## 悲願のリーグ優勝を遂げるも、衰退へ——

独自のホーム球場を得た大毎オリオンズだったが、同時に勝

**上** ： サンフランシスコ・ジャイアンツホームグラウンドだったキャンドルスティック・パークを参考に建造。夜の空に照明が美しく輝く様子から「光の球場」と形容された（1962年5月31日 写真／村井修）

**右頁下** ： 開場当日は多くの野球ファンが詰めかけた。大毎球団では数日前から球場周辺に多くの無料入場券をばら撒いてプロモーションしたという（1962年5月31日 写真／村井修）

**下右** ： バックネットから。右翼・左翼ともにふくらみが無く、ホームランの出やすい野球場として知られた（1962年5月31日 写真／村井修）

**右頁** ： 木造の住宅が密集した荒川区の下町にあった（1962年5月31日 写真／村井修）
**左頁** ： 野球場だけではなく映画館やデパートなどを併設する予定もあったが、残念ながら実現はしなかった（1962年5月31日 写真／村井修）

ブリヂストン
HITACHI
ロッテチョコレート

ち星を延ばす、というわけにはいかなかった。62年以降69年までは4位が最高で、途中巨人に対抗して球団名に「東京」と入れ、球団の経営権をロッテに譲渡するなどしたが、成績の良化には結びつかなかった。

そうしたなかで1970年、ロッテオリオンズは、東京球スタジアムでパ・リーグのリーグ優勝を飾った。試合終了後には、スタジオになだれ込んだファンが永田オーナーを胴上げするという一幕もあり、この日が東京スタジアムの最も輝かしい日となった。しかし、日本シリーズでは「宿敵」巨人の前に1勝4敗と破れ、日本一となることはできなかった。ファンの急激な増加も叶わず、この2年後

**右頁上右**：スタジアムでの楽しみのひとつ、売店の充実度は今ひとつだった（1962年5月31日 写真／村井修）

**右頁上左**：東京スタジアムの最初で最後の日本シリーズは多くのファンを集めた（1970年11月2日 写真／読売新聞社）

**右頁中右**：コンクリートむき出しのブルペン。ミットにボールが収まる心地よい音が響いた（1962年5月31日 写真／村井修）

**右頁中左**：選手に好評だったという広いロッカールーム（1962年5月31日 写真／村井修）

**右頁下**：わずか10年で閉場。1977年から解体が始まった（1977年4月21日 写真提供／読売新聞社）

**上**：ホームランが出た際には、スコアボード上部の「Home Run」のサインが点灯した（1962年5月31日 写真／村井修）

**下**：イニングの変わり目には女性のアナウンスが球場内に響いた（1962年5月31日 写真／村井修）

の1972年に東京スタジアムの経営権が国際興業のオーナー・小佐野賢治に移ると、ロッテに野球場経営権の買取りを求めたが、断念。解体されることとなった。

永田雅一オーナーの考えた東京の新しい娯楽場は確かに素晴らしかったが、チームのファン増加に結び付けられなかったことは残念だった。

球場そのものに対する野球ファンの興味も今よりは少なかったということもあっただろう。

現在、東京スタジアムのように立派な設備を持った野球場が東京の真ん中に建つとなったら、いったいどうなっていたのだろうか。

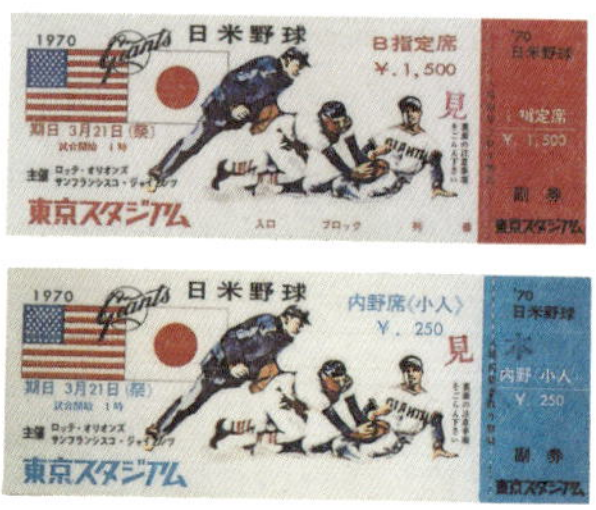

1970年の日米野球はシーズン開幕前にオープン戦として行われた（資料提供／野球体育博物館）

外野フェンスの破片
（資料提供／野球体育博物館）

「月刊東京スタジアム」は場内で売られていた。定価20円（資料提供／野球体育博物館）

1966年のオールスター、第1戦が東京スタジアムで行われた。結果は6-2で全セが勝利した（資料提供／野球体育博物館）

プロ野球勝敗

セ・リーグ
巨人3―1ヤクルト
中日3―2大洋
広島6―2阪神

パ・リーグ
東映14―8ロッテ
近鉄6―2南海
阪急4―3西鉄

# 満塁含む5連続ホーマー

## ロッテと延長 9連敗のドロ沼脱出

## 貧打東映 狂い咲き

ナイン総出 ロッテ―東映5回戦・10回表東映二死満塁に代打作道（右端）が満塁ホーマーを放つ [illegible]

パ・リーグ

東映14―8ロッテ（5回戦）

東映 14―8 ロッテ 5回戦

◇東京（2勝2敗1分）

| | | | | |
|---|---|---|---|---|
| 東映 | 000 | 010 | 005 | 8 |
| ロッテ | 000 | 301 | 020 | 2 |

パ・リーグ成績（第4節終了・3日まで）

| | 試 | 勝 | 敗 | 分 | 率 | 差 |
|---|---|---|---|---|---|---|
| 近鉄 | 17 | 12 | 5 | 0 | .706 | |
| 阪急 | 18 | 12 | 6 | 0 | .667 | 0.5 |
| ロッテ | 18 | 9 | 8 | 1 | .529 | 4 |
| 西鉄 | 17 | 8 | 9 | 0 | .471 | 1 |
| 南海 | 18 | 8 | 10 | 0 | .444 | 4.5 |
| 東映 | 18 | 3 | 14 | 1 | .176 | 9 |

スポット

「何とかしよう」の一念実る 東映

［1971年5月5日付 朝日新聞より抜粋］

1971年5月4日 ロッテ×東映

## 貧打から一転プロ野球記録の連続ホームラン

それまで9連敗中の東映。この日も8回までわずか1点しか奪えず、1-6と敗色濃厚だった。9回に大杉のホームランで2-6。その直後に奇跡のようなプレーが起こる。代打で打席に立った末永がショートゴロで万事休すかと思われたその直後、2塁手の山崎が落球。判定はアウトとなったが、東映が抗議してセーフに。完全捕球していなかった、という判断であった。その後、今井、大下とヒットが生まれて、一気に同点となる。

さらに10回にはまたもや2アウトからクリスチャン、種茂のヒットと末永の四球で満塁。続く皆川への代打・作道が満塁ホームランを打ち上げた。しかし、東映の奇跡はこれだけでは終わらない。1番大下、2番大橋、そして3番張本、4番大杉と作道から5打者連続ホームランとなった。東京スタジアムは右中間の形状（直線でふくらみがまったくない）のため、ホームランが出やすい球場だったといはいえ、5打者連続ホームランは現在でも破られていない記録である。

連敗中で暗い雰囲気だったベンチは一気にお祭りムードとなった。それまでの貧打が嘘のような東映が9回10回で13点を奪い、連敗を脱出した。

## 【コラムII】ルールと使用具の移り変わり

# ベースボールの誕生とグローブの歴史

（協力：東京都文京区 野球体育博物館　写真：編著者）

明治30年代のグローブはふくらみが無く、ほぼ水平に近い形であった

大正に入り、グローブは防寒用の手袋に近いような形へと変化した

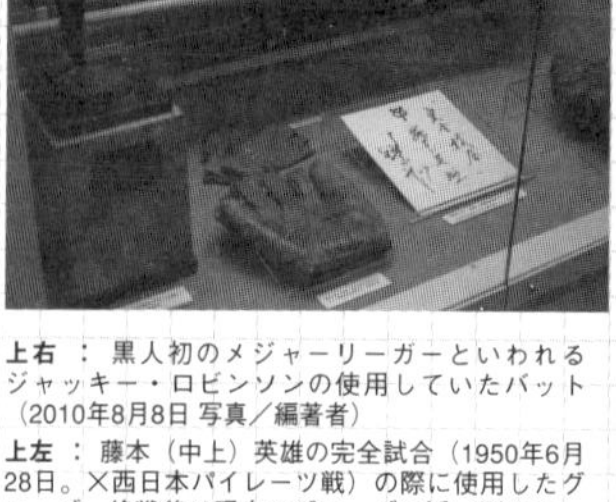

**上右**：黒人初のメジャーリーガーといわれるジャッキー・ロビンソンの使用していたバット（2010年8月8日 写真／編著者）

**上左**：藤本（中上）英雄の完全試合（1950年6月28日。×西日本パイレーツ戦）の際に使用したグローブ。終戦後は現在のグローブに近い形になった（2010年8月8日 写真／編著者）

**下右**：好守で知られたMBLのオジー・スミスの使用グローブ（2010年8月8日 写真／編著者）

「ベースボールのルーツ」には諸説あるが、イギリスのラウンダーズなどを参考にアメリカで発展したという説が有力だ。近代ベースボールが確立したきっかけを作ったのは、アメリカのアレキサンダー・カートライトといわれる。

１８４５年のことであった。当時、火災が多く発生していたニューヨーク・マンハッタン。そこで、カートライトは地元の仲間を集めて消防団を結成した。しかし、急造の消防団はまとまりが悪く、また個人個人の体力の差も大きかった。

そこで、「タウンボール」と名づけた球技を考案、独自のルールを設けてスポーツとして確立させていったのである。

記録が残っている最初の公式戦は、ニューヨークカークラブとニッカーポッカー・クラブチームの対戦。結果は23－1という大差でニューヨーカークラブが勝利を収めたという。

日本に野球を伝えたのは、熊本洋学校の教師・ジョーンズなど諸説あるが、その時期は１８７１年だといわれている。当時の呼び名は「ベースボール」のほか「球遊ビ」や「打球おにごっこ」とよばれ、「野球」という言葉が初めて使ったのは中馬《ちゅうまん》庚《かなえ》という、九州・鹿児島出身の教育家だったと伝えられる。

なお、日本初の野球チームは１８７８年に平岡凞《ひろし》により結成された「新橋アスレチック倶楽部」である。これは１８８７年に解散してしまった。その前年に一高（現・東京大学）に野球チームが誕生した。それまでクラブチームが中心だった野球は、学生野球が中心となり、徐々に庶民の間に広がってゆくのであった。

アメリカで初めてグローブが使用されたのは１８７５年からといわれる。当時は防寒用の手袋のように平たい形をしており、また大きさも現在のものよりかなり大きかった。１８８４年にアメリカでルールが改正、投手がそれまではアンダースローのみだったが、オーバースローで投げても良いことになる。この頃に野手もグローブの着用が認められた。

日本でグローブが使用されるようになったのは、１８８７年頃からのことであった。もっともこの頃の日本ではキャッチャーミットしかなく、他の野手は相変わらず素手で打球を捕球していた。

大きさ、形が現在のようになったのは、だいぶ遅れて戦後、１９５０年代に入ってからのことだった。それまでは、ボールの捕球と同時に片方の手で押さえていたが、近代グローブの誕生により、片手で捕球することができるようになった。

なお、安全性などの問題からグローブの規格は次のように決められている。

**①30・5cm**
**②ウェブ（網）の上端横幅11・4cm・下端8・9cm**
**③14・6cm、人差し指から小指部の幅19・7cm以内**

川上哲治が沢村栄治の家族に渡したという愛用のバット

# 藤井寺球場

*Fujiidera Stadium*

正面エントランスが特徴的な
80年の歴史を誇る古参

STADIUM DATA

**藤井寺球場**

**所在地** ： 大阪府藤井寺市
**開場** ： 1928年（昭和3年）5月
**閉場** ： 2005年（平成17年）1月
**収容定員** ： 32000人
**左翼** ： 91m　**右翼** ： 91m　**中堅** ： 120m
**設計者** ： 銭高組

1973年に外野スタンドの工事などを行い、名実ともに近鉄バファローズの本拠地となった（撮影日不詳 写真提供／近畿日本鉄道）

## 近鉄球団の誕生から消滅までをともにした

近鉄バファローズの本拠地だった藤井寺球場の歴史は、古く1928年5月に遡る。当時合資会社であった錢高組《ぜにたかぐみ》の設計・施行により、敷地面積5万9000㎡、総工費70万円をかけて大規模な野球場が完成した。

開場式は5月27日、海軍記念日に行われ、しばらくはアマチュア野球専用の野球場として使われた。また、戦中には解体工事が行われ、内野スタンドの大鉄傘《だいてっさん》が撤去された。

戦後1949年の2リーグ制で近鉄パールスが誕生、藤井寺球場はパールスタジアムと呼ばれるようになる。なお、この2リーグ制発足時すでにかなり老朽化が進んでおり、外装など

**上**：1949年当時の藤井寺球場。球場周辺には畑が広がっていた（写真提供／近畿日本鉄道）

**下**：正面のエントランスは、1929年の開場時から解体まで変わらなかった（撮影日不詳 写真提供／近畿日本鉄道）

**左頁上**：1996年、オリックスとの開幕試合のセレモニー。写真では分かりづらいが、スコアボードにはイチローや大石大二郎の名前が（撮影日不詳 写真提供／近畿日本鉄道）

**左頁下**：1980年ロッテ・西武・日本ハムとの熾烈な争いを制して後期優勝を飾った近鉄バファローズ。しかし日本シリーズは「江夏の21球」に泣き、日本一はならなかった（1980年10月11日 写真提供／近畿日本鉄道）

SBO
UMPIRE
Asahi アサヒビール Asahi

に手が加えられ新しい藤井寺球場に生まれ変わった。

近鉄の本拠地球場として多くの試合が行われるはずだったが、１９５１年大阪球場に照明設備が完備すると、近鉄のナイトゲームはそちらで行うことになる。藤井寺球場にはナイター設備がなかったのである。

また、大阪球場や日生球場と比べて交通の便が良くなかったことも災いした。数少ない試合開催日でも、多くのファンがスタンドを埋めるようなことは多くなかった。それでもチームは１９５８年近鉄バファロー、１９６２年に近鉄バファローズと改名すると、１９６９〜１９７２年にかけて４年連続Ａクラス入りを果たし、１９７９年にはついにリーグ優勝、日本シリーズへ駒を進めた。

しかし、ここでもまた問題が

生じる。プロ野球機構により日本シリーズに使われる野球場は「収容人数３００００人以上の球場でなくてはならない」と定められていたため、藤井寺球場で日本シリーズのゲームを行うことはできなかったのである。その結果、この年の日本シリーズは大阪球場で行われた。

　この日本シリーズより少し前の１９７３年、近鉄は照明機器の設置を含めた大規模な改修工事を予定していた。しかし、藤井寺球場周辺の住民による反対にあい、断念した。住民の言い分とは、ナイトゲームを開始することにより行き来するファンや自動車の乗り入れが増え、騒音が起きて迷惑するというものだった。近鉄はこうした住民の言葉と無関係に工事をスタートさせたが、住民は大阪

**右頁上**：1993年のパ・リーグ開幕戦。近鉄はAクラスの常連だったが、この年はBクラスの4位に沈んだ（1993年4月10日 写真提供／近畿日本鉄道）

**右頁下右**：球場への入口にはアーチ状のゲートがあった（1999年6月23日 写真提供／松岡宏）

**右頁下左**：ナイター設備完成直後の藤井寺球場外観（1984年4月6日 写真提供／近畿日本鉄道）

**上**：スコアボードは閉場までパネル式のものを使用した（1999年6月23日 写真提供／松岡宏）

**下**：外野席への入口。場内のいたるところにバファローズのエンブレムがあしらわれていた（1999年6月23日 写真提供／松岡宏）

地方裁判所に工事差し止めの仮処分を申請、受理されたために工事はストップしていたのであった。

　工事再開に向けて、近鉄は住民側と調停を行ったが失敗、１９８３年に大阪地裁へ工事差し止めの異議申し立てを提出する。これが認可されてようやく工事を再開したのであった。もっともこのときにも条件が提示され、防音壁の設置や応援の際の鳴り物の禁止などを強いられている。

　それでも１９８４年４月６日に照明設備が完備。また、その翌年には球場の改築がなされ、このとき「バファローズスタジアム」の愛称がつけられた。このほかにも念願だったオールスターゲームの開催や鈴木啓示の通算３００勝達成など、１９８４年は藤井寺

近鉄南大阪線・藤井寺駅。球場は駅から徒歩数分の至近距離にあった（1999年6月23日 写真提供／松岡宏）

球場にとって記念すべき出来事が多かった年である。また、１９８９年にはリーグ優勝、結局日本一の座を勝ち取ることは出来なかったが、最初で最後の日本シリーズが藤井寺球場で行われた。

　１９９７年に大阪ドームが完成すると、バファローズの本拠地はそちらに譲り、以降は２軍の試合や練習場として使われるようになる。１軍の公式戦で使われることはなくとも、ナゴヤ球場のようにこのまま残されるかと思われたが、球界再編のあおりを受けて近鉄バファローズが消滅の道を歩むと、藤井寺球場も運命を共にした。球団のさまざまな事情に揺れながら、70年以上もの間続いた藤井寺球場。その跡地は現在一部が小学校、一部がマンションに生まれ変わっている。

近鉄 悪夢の4連敗

粗さと油断で墓穴

日本一 三たび不発

本物でなかった力

敗因は近鉄の口

笑う近藤コーチ

巨人 奇跡の回生V

駒田を口火に4アーチ

意地の近鉄、3発も届かず

| | | |
|---|---|---|
| 巨人 | 010 303 100 | 8 |
| 近鉄 | 000 111 002 | 5 |

動ぜず驚異の粘り

最高殊勲選手は駒田

5割2分の最高打率

盛り返せて何倍も喜び

これからへいい経験だ

アスレチックス15年ぶりV

大リーグのワールドシリーズ

こちらは一気に4連勝で決着

［1989年10月30日付 朝日新聞より抜粋］

1989年10月29日 近鉄×巨人（日本シリーズ）

## 緻密な野球の巨人と、豪快な野球の近鉄の結果は

藤井寺球場では最初で最後の日本シリーズとなった1989年。開始前の下馬評は「巨人有利」だった。桑田や斎藤などの好投手を擁し、守備も堅い緻密な野球をする巨人が、良く言えば豪快、悪く言えば大味な近鉄に勝ると考えられていたのだった。

しかし、ふたを開けて見ると、1戦目、2戦目近鉄が接線を制し連勝、3戦目は加藤哲郎、村田、吉井と繋いで完封勝利で球団初の日本一に王手をかける。

3戦目の試合後に、加藤哲郎が「巨人はロッテよりも弱い」と発言したのは、後に記者の誤解によるところだった（正確には「シーズンの方が大変だった」）ことが分かったが、これが巨人の選手らを発奮させた。

特にもともと気の強いことで知られる駒田は、これに反応。最終戦でのホームランなど、シリーズ通産23打数12安打（.522）の活躍でMVPを受賞した。

それにしても4戦目以降、近鉄は別人のようにおとなしくなってしまった。シーズンでは大活躍を見せたブライアントのブレーキなど、4戦目から6戦目の3試合で巨人投手陣からわずか2点しか奪うことができなかった。また、つまらない守備のミス（最終戦で2つのボーンヘッドなど）を犯すなど、完全に歯車が狂ってしまった。

最終戦の後、近鉄・吉井投手は「藤井寺で相手の力を甘く見て、気が抜けてしまった」とコメントを残した。この1989年のシリーズでは、前述の加藤哲の発言があまりにも有名だが、この発言の影響を受けたのは、巨人の選手だけではなかったようである。

# 広島市民球場

*Hiroshima Baseball Park*

カープファンとともに歩んだ
市民のスタジアム

STADIUM DATA

**広島市民球場**

所在地 ： 広島県広島市
開場 ： 1957年（昭和32年）2月
閉場（解体）： 2010年（平成22年） 9 月予定
収容定員 ： 31,984人
左翼 ： 91.4m　右翼 ： 91.4m　中堅 ： 115.8m
設計者 ： 石本建築事務所

旧広島市民球場は2010年9月から解体工事が始められることになっている（撮影日不詳／広島市公文書館）

## 広島市民の野球熱により東洋工業を中心に建設

プロ野球12球団のうち、もっとも地元ファンに愛されているのが広島カープではないだろうか。広島市民球場の歴史も、市民のカープに対する愛情と深く関わりあっていた。

終戦後、広島でも照明灯を備えた新球場の創設を求める声が広島市民から上がっていた。そこでそれまで使われていた広島県営総合グランドに代わり、市内の中心地に新しい野球場を建設することとなった。建設にあたって中心となったのは当時の東洋工業(現マツダ)のオーナーであった松田恒次。松田が地元財界に建設資金の寄付を呼びかけ、1957年7月22日、市内の原爆ドームを臨む場所に初代の広島市民球場が誕生した。

「市民球場」の名のとおり、建設時には「広島市民のための総合運動施設」という目的が掲げられ、高校野球の決勝戦の舞台となるなどアマチュア野球界でも頻繁に利用された。プロ野球のナイトゲームが組まれている日に、アマチュアのデーゲームが行われることもよくあった。

球場建設にあたりネックとなっていたのは、西日の強さであった。市民球場の南側には広島市電の線路が走っており、外野席が線路側を向くのは景観上よろしくない、ということから建設時にレフトスタンド側が西になるように建設されたのであった。ところが、実際のゲームでは西日の強さが想定していた以上に影響した。デーゲーム

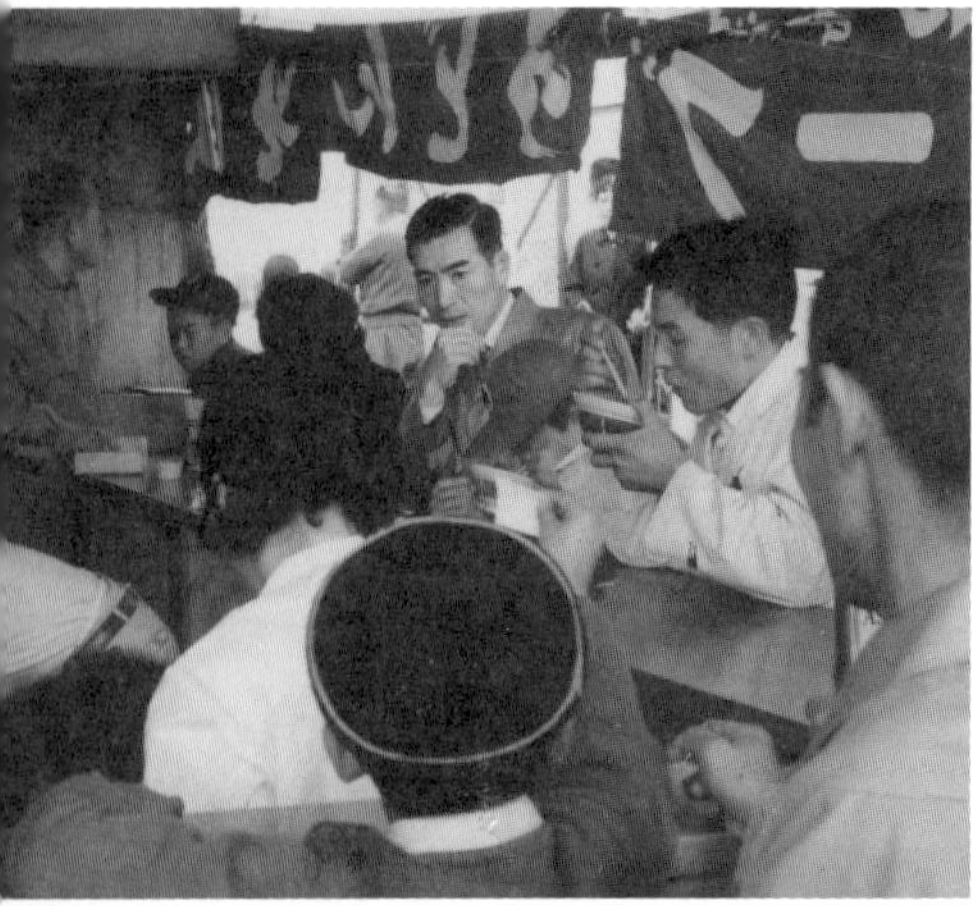

**上**：完成予想図のイラスト。外野スタンドを支える柱が強調されていた（資料提供／広島市郷土資料館）

**中**：旧市民球場の名物だった「カープうどん」（写真提供／広島市郷土資料館）

**下**：初代スコアボードは1957年の開場から1992年まで35年間使用された（撮影日不詳／広島市公文書館）

**左頁上**：1975年リーグ優勝。しかし日本シリーズでは上田監督率いる阪急に屈した（写真提供／広島市郷土資料館）

**左頁下**：2度目のリーグ優勝は1979年。この年は江夏を擁して近鉄を降ろし、初の日本一に輝いた（1979年10月 写真提供／広島市郷土資料館）

RCCラジオ
RCCテレビ
アサヒビール
三菱カラーテレビ
三協アルミ
CARP 1975
CENTRAL'S CHAMPIONSHIP

72

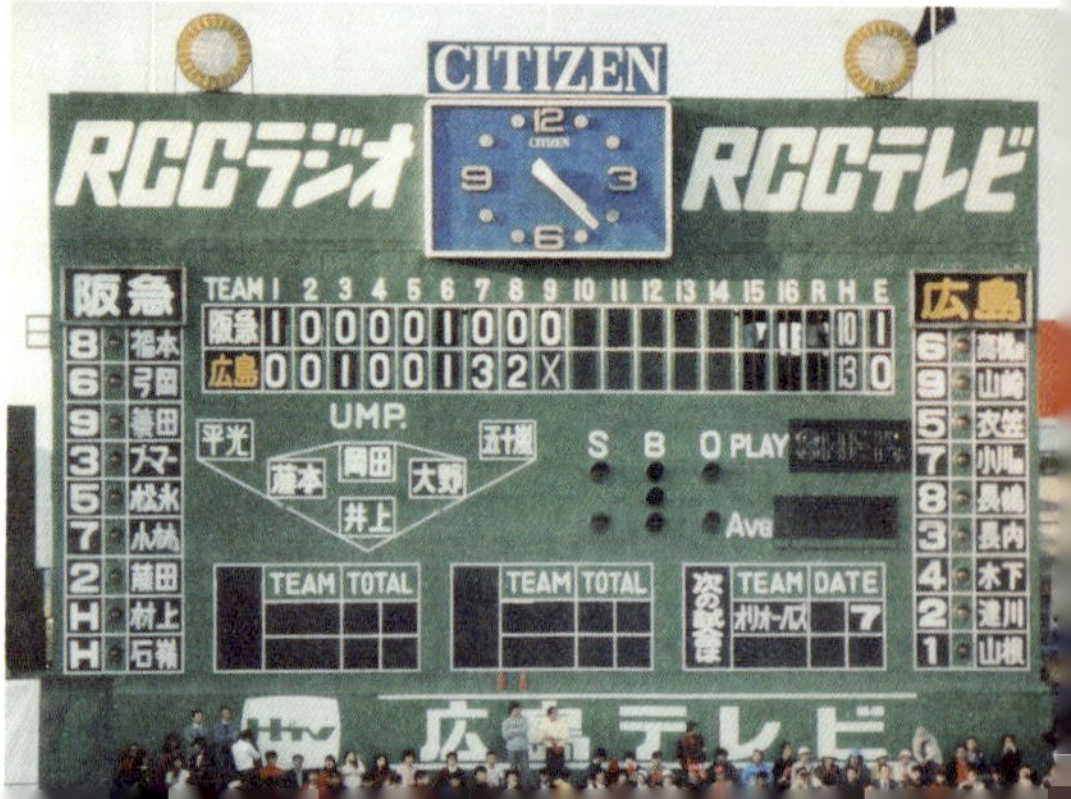


上 ： プロ野球の試合としては2009年3月22日に行われた広島×阪神のオープン戦が最後となった（1999年5月29日 写真提供／松岡宏）

中右 ： 日本一に輝いた1979年の優勝パレード。平和大通り付近はカープファンでいっぱいとなった（1979年10月 写真提供／広島市郷土資料館）

中左 ： 1979年のV2時には市民球場正面に大きな看板が貼り出された（1979年10月 写真提供／広島市郷土資料館）

下 ： 3度目の日本一に輝いた1984年の日本シリーズ最終戦のスコアボード（1984年10月22日 写真提供／広島市郷土資料館館）

左頁上 ： 1999年、広島カープの球団創設50周年には市民球場の隣のそごうで記念展が開かれた（1999年5月29日 写真提供／松岡宏）

左頁中 ： 市民球場開場初日のチケット（資料提供／広島市郷土資料館館）

左頁下 ： 開設と同時に照明機器が設置された広島市民球場。初日に使用されたボール（資料提供／広島市郷土資料館）

では試合途中に中断することもあり、またナイトゲームでは日没を待って開始時間が大幅に遅れることも少なくなかった。建設直後に広島カープが日本野球連盟（現・日本野球機構）へ、1塁側と3塁側のベンチを交換できないか、という申し入れをしたほどだったという（結果は不可だった）。

　西日を避けるためにレフトスタンドに「日よけボード」が出来たのは1984年のことだった。2枚からなる日よけボードは、スイッチにより太陽の位置に合わせて動かすことが出来る便利なものだった。

　広島市民球場でのオールスターゲームは比較的早い時期からスタートしている。内野席の拡張工事が行われた1958年のことで、収容人員がそれまでの1万7500人から2万4500人に増え、オールスターでは3万人もの観衆が詰めかけた。

## 広島市民の念願 新球場の設立が現実へ

　また、広島市民球場の名物の1つだったのが「津田プレート」だ。これは1塁側にあったカープの投球練習場の柱に取り付けられていたもので、32歳という若さで亡くなった広島カープの津田恒美投手を悼んで設置されていた。このプレートには「笑顔と闘志を忘れないために」とある。1982年に先発投手として11勝をあげ、新人王を獲得した津田は1986年からストッパーに転向、1989年までに90セーブ近くをあげ「炎のストッパー」

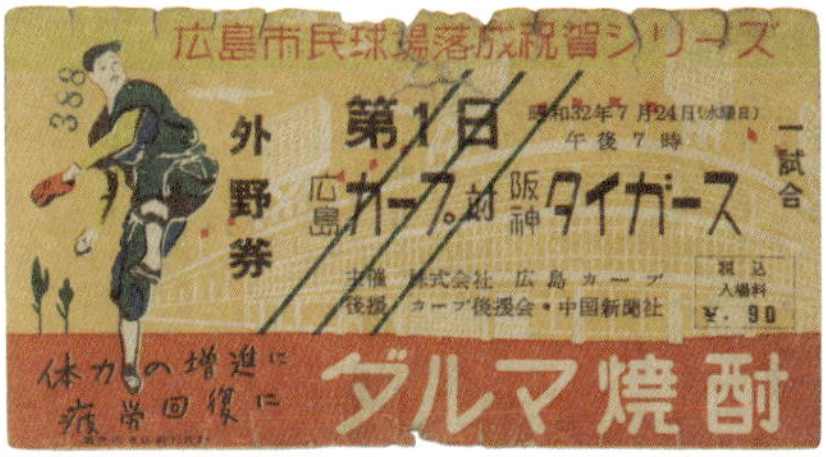

と呼ばれた。しかし、最後の登板となった1991年からわずか2年後の1993年に悪性脳腫瘍で、多くのファンに惜しまれながらこの世を去った。現役最後の対戦相手は現・巨人軍監督の原辰徳。タイムリーヒットを打たれ、敗戦投手となっている。

広島市民球場に残された「津田プレート」は、カープの投手たちがマウンドへ向かう前に必ず触れていたという。現在、津田プレートは新広島市民球場のベンチから1塁側通路へと移されている。

2000年代に入ると、西日の問題や施設の老朽化から、広島市内に新球場建設の案が持ち上がるようになる。土地の確保など、さまざまな問題により頓挫《とんざ》していたが、広島市南区に新球場の建設地が確定すると2007年の秋に着工し、2009年4月に開場した。旧市民球場では2009年3月22日のオープン戦、広島×阪神のゲームを最後にプロ野球の試合は行われていない。以降、アマチュア野球の開催や、市民への貸し出し、球場見学などが行われていたが、2010年9月からの解体が決まっている。

なお、市民球場でありながら、設備の改装費用や運営費などはカープが負担、市税などは一切使われていなかったという。市民と広島カープとの関係を象徴するようなエピソードである。

アマチュア野球の公式戦で最終日となったのは2010年7月25日の選手権大会広島予選の2試合（尾道商×広島商、観音×広島工）であった。

**上**：1993年の改修でスコアボードは電光式に生まれ変わった（1999年4月6日 写真提供／松岡宏）

**中**：1990年の開幕試合にて。広島・達川、阪神・野村両監督に花束が贈呈された（1999年4月6日 写真提供／松岡宏）

**下**：外野スタンドの下がブルペンだった（2008年2月17日 写真提供／松岡宏）

プロ野球 日本シリーズ 第4戦

日本シリーズ成績

▽第1戦 阪急 3—3 広島
▽第2戦 阪急 5—1 広島
▽第3戦 阪急 7—4 広島
▽第4戦 広島 4—4 阪急

第5戦の見どころ

# 激闘13回 またも引き分け

## 粘る広島 土壇場に同点

サヨナラ勝ち逸す 代打佐野 満塁に痛打

| | | | | | | | | | | | | | | |
|---|---|---|---|---|---|---|---|---|---|---|---|---|---|---|
| 阪急 | 0 | 1 | 0 | 0 | 0 | 0 | 2 | 0 | 0 | 0 | 0 | 0 | 1 | 4 |
| 広島 | 0 | 2 | 1 | 0 | 0 | 0 | 0 | 0 | 0 | 0 | 0 | 0 | 1 | 4 |

広島 4—4 阪急

## 外木場・山口 息詰まる力投

日本シリーズ第4戦 13回裏広島2死満塁、二塁走者木下、代打佐野の中前安打で三塁走者久保につづき本塁をついたがアウト。捕手中沢、次打者は大下

スポット 山口対佐野

心理読んで 直球にマト

投打心配ない きょう王手だ

山田攻略の カギは選球

ムードは上昇 最後までやる

気力で投げた200球 外木場

山口の外人封じ

記者の目

[1975年10月31日付 朝日新聞より抜粋]

1975年10月30日 広島×阪急（日本シリーズ）

## シリーズ2度目の引き分け試合

1975年の日本シリーズは、ともに初の日本一を賭けた広島カープと阪急ブレーブスの対決となった。山口、足立、山田ら好投手を要する阪急と、衣笠祥雄や山本浩二といった好打者が揃う広島は初戦から四つに組んだ好ゲームとなった。

広島は外木場と金城、阪急は足立と山口という2人の投手が踏ん張り延長11回の引き分けとなったのである。

2戦目、3戦目と阪急が打ち勝ち、4戦目は足立と外木場のエース級投手の先発で始まった。

序盤2回に阪急・森本が外木場からホームランを放つと、その裏、広島は山本浩二、山本一義のホームランで逆転。3回には再び山本浩二に回ってタイムリーヒット。1-3と打撃戦の様相を呈した。

しかし、その後は両投手が落ち着いて7回まで1-3のまま。ここで広島の内野にミスが生じる。ショートの三村、大下の野選。併殺崩れの間に1点を許すと、長池に三塁線強襲ヒットを浴びて同点とされた。8回からは、阪急・山口と広島・外木場の投げ合いとなり、回は延長13回までもつれ込んだ。その13回、代打で登場した阪急・高井のヒットから2アウト2塁のチャンスを作ると、打席には投手の山口。結果はレフト前のタイムリーヒットであった。

これで試合が決したかに思えたが、その裏広島が執念を見せる。久保、水谷のヒットなどで2アウト満塁と山口を攻め立てる。広島は代打・佐野。東映、南海を経て広島に流れてきた苦労人がセンター前にタイムリーヒット。これで同点、さらに2塁ランナーも本塁を突いたが、これは福本のレーザービームでタッチアウト。13回引き分けとなった。

広島の外木場は球数200球で、これは日本シリーズ記録。（投手が分担制となった）現在の野球を考えると、これは破られる事のない記録だろう。

しかしこの外木場の熱闘もむなしく、第5戦、第6戦を阪急が制して、初の日本一に輝いた。広島の日本一はその4年後、伝説の「江夏の21球」の年まで待たねばならなかったのである。

# 平和台野球場

*Heiwadai Baseball Stadium*

## 西鉄黄金時代のホームグラウンド

STADIUM DATA

**平和台野球場**

**所在地** ： 福岡県福岡市
**開場** ： 1949年（昭和24年）12月
**閉場** ： 1997年（平成9年）11月
**収容定員** ： 34,000人
**左翼** ： 92m　**右翼** ： 92m　**中堅** ： 122m
**設計者** ： 不詳

幾多のドラマを生み出した平和台野球場。永らく西鉄のホームグラウンドして親しまれたが、晩年はダイエーホークスが使用した（1992年9月5日 写真提供／松岡宏）

## 建設当初はたいへん簡素なスタヂアムだった

戦後復興のシンボルとして、福岡市に市民運動場が造成されたのは1947年のことだった。平和社会を象徴するものとして、この運動場は「福岡平和台総合運動場」と名づけられる。1949年、この一角に建設されたのが平和台野球場（以下平和台球場）であった。

建設当初の平和台球場は、プロ野球・西鉄ライオンズのフランチャイズ球場とは思えないほどに簡素な野球場だったという。ベンチ内はトイレの臭いが充満し（トイレがベンチ内にあったという）、スタンドも低く、ファウルボールでも簡単に場外へ飛び出した。

1953年に中西太が大映・林義一からスコアボードを

1977年、クラウンライターライオンズ時代の開幕戦（1977年1月9日 写真提供／読売新聞社）

越えるホームランを放ち、また1956年からは日本シリーズを3連覇。そして、1958年にようやく平和台球場は改修が行われる。それまでなかったロッカーや選手用浴場を併設。読売を下して日本一となるほどのチームの本拠地に、ロッカーや選手用浴場がなかったというのも驚きだが、このときにようやく他チーム並みの専用球場を得ることができたのであった。

その後、西鉄は低迷期へと入る。その大きな原因となったのが1969年に起こった「黒い霧事件」だった。黒い霧事件の詳細は他誌に譲るが、多くの選手の八百長・暴力団との関わりが発覚したこの事件により西鉄は大幅な戦力減を強いられ、またファンの信頼も失って入場者数が激減した。それで

上：パ・リーグV3を飾った西鉄ナイン。この年、平和台球場は選手用の浴場が増築されるなど、全面改修された（1958年10月2日 写真提供／朝日新聞社）
下：1978年にはクラウンライターと巨人軍の連合チームとシンシナティ・レッズの日米野球が行われた（1978年9月9日 写真提供／読売新聞社）

も西鉄は球団保持に執念を燃やし、一時期は九州各地の有力な企業の出資を募って「九州ライオンズ」を発足させるという案もあった。しかし、これも幻と消え、1972年ついに太平洋クラブライオンズとなる。この頃が、成績の一番低迷した時代である。

太平洋時代の明るいニュースといえば新人の東尾修の登場だった。投手コーチの河村英文が発掘した東尾は、負けても負けても起用されつづけ、そのかいあって1975年に23勝をあげて最多勝を獲得した。

太平洋は1976年にクラウンライターとなり、1978年に国土計画・堤義明の西武への身売りが決まって福岡から撤退。そうした中、平和台球場は1979年に2億6000万円をかけて改修され、全面人工芝の立派な野球場に生まれ変わった。これは第3セクター企業であった平和台野球株式会社によるものだった。ライオンズの撤退でフランチャイズ球団のなくなった平和台球場だったが、この平和台野球株式会社により、年間20試合程度プロ野球の公式戦が行われている。この時期、特定の球団に限らず中日ドラゴンズを除いた11球団が主催試合として平和台球場を使った。

１９８７年、平和台球場は十数億円の予算で再び大改修が行われた。出資は福岡市。この改修の際、外野席付近で平安時代の迎賓館である「鴻臚館《こうろかん》」が発掘された。これが後に平和台球場解体のきっかけにつながる。

その翌年、１９８８年には再び平和台をフランチャイズ球場とする球団が現れる。南海が身売りして誕生したダイエーホークスだった。１９９２年までの短期間だったが、10年ぶりに平和台球場を本拠地とする球団が誕生した。１９９０年、平和台球場のバックスクリーンの左に「ホークスビジョン」が誕生。アナログなスコアボードとのギャップが目立っていた。

**右** ： スコアボードは最後まで手動式だった（1992年9月5日 写真提供／松岡宏）

**左頁上** ： 内野スタンドは1989年に改修された（1989年2月27日 写真提供／読売新聞社）

**左頁下** ： 1992年10月1日の平和台球場公式戦最終日（ダイエー×近鉄）は若田部投手が完封でダイエーホークスの勝利。試合終了後、ダイエーの選手が場内を1周して別れを惜しんだ（1992年10月1日 写真提供／朝日新聞社）

## 短かったダイエー時代 西鉄OBの記念碑建立

ダイエーホークス誕生からまもなく、同球団では福岡市中央区地行に多目的ドームの建設を進める。そして、平和台球場でのプロ野球試合開催は１９９２年で終了した。最終戦はダイエー・若田部と近鉄・野茂の投げあいで好ゲームとなり、1-0でダイエーが勝利した。

平和台野球場時代、ダイ

ビオフェルミン
アートネイチャー
Asahi アサヒビール
SEIKO
ダイエー
UMPIRE
SBO
Bu
8 村上
4 大石
3 石井
5 金村
7 リード
9 鈴木
2 光山
6 安達
P 野茂
TN 一 二 三 四 五 六 七 八 九 十 士 主 圭 古 計 H
Bu 0 0 0 0 0 0 0 0 0 0 3
H 0 0 0 0 0 0 0 0 1 X 1 6
9 大野
8 村松
D 山本
3 ブーマー
7 広永
6 浜名
ユニバーシアード
紅乙
122
FUJITSU 富士通 FUJITSU
日本航空

1987年の改修の際、外野スタンドの下から平安時代の施設「鴻臚館（こうろかん）」の遺構が出土した（1988年1月15日 写真提供／朝日新聞社）

エーホークスは投手陣の安定感が欠けていたが、最終戦では若きホープの若田部投手が野茂英雄に投げ勝つ快勝だった。

福岡ドームの完成後も、平和台ではアマチュア野球の試合が行われたが、歴史公園の整備が進むと、１９９７年11月24日にダイエー×オリックス、西鉄ＯＢ×福岡市民チームのゲームが行われ「さよなら平和台」のイベントと共に平和台球場は閉鎖となった。

閉鎖後、西鉄ライオンズのＯＢらにより記念碑の建立がなされ、一部の施設がそのまま残されていたが、２００５年に福岡県西方沖地震で被害を受ける。その結果、崩落の危険があることから、２００７年12月からの解体工事により、すべての施設が撤去されて、現在は現役当時の面影は残っていない。

# プロ野球 日本シリーズ 第五戦

【福岡発】本年度プロ野球日本選手権第五戦は巨人三勝一敗のあとをうけて十七日午後一時五分から福岡市平和台球場で約三万六千の観衆を集めて行われた。平和台シリーズの最終試合であり、西鉄としてはどうしても負けられない試合であったが、巨人は先発西村の不調に乗じて与那嶺の右翼三点本塁打でまた先行、西鉄は島原に代え、さらに切り札稲尾を繰出して防戦する一方、堀内の好投に封じられていた打線は七回中西の右翼二点本塁打で追撃、さらに九回小淵、関口の安打で同点とし延長戦に持ち込んだ。十回裏西鉄は一死後稲尾が劇的な左本塁打して快勝した。これで第六、七回戦はさらに舞台を東京に移して行われることになった。なお東京で二十日に行われる第六戦のスターティングメンバー発表は十九日午後二時後楽園で行われる。

## 西鉄 鮮やかに逆転 二勝

## 稲尾、投打に活躍

### 延長10回 サヨナラ本塁打

【5回戦巨人3勝2敗】

| | | | | | |
|---|---|---|---|---|---|
| 巨人 | 300 | 000 | 000 | 0 | 3 |
| 西鉄 | 000 | 000 | 201 | 1 | 4 |

【評】第五戦は西鉄が一勝した試合ぶりからすれば、五分に戦えそうで興味があった。だが一回表巨人の三点先取で半ば、この興味も断たれた感があった。しかし西鉄は投打力にものをいわせて延長とし、あげくには稲尾の本塁打でうっちゃりに成功、再び勝負を東京へ持ちこんだ。しかし西鉄の苦戦は先発西村がわずか九球で退く不出来にあった。広岡への第一球シュートは死球となり、坂崎を2―1と押しながら遊撃後方へテキサス性の二塁打、早くも無死二、三塁のピンチを招いてしまった。なお悪いことには与那嶺も2―1と追込みながら、内角の好球を右翼へ三点本塁打され島原と交代する羽目にあったからだ。

これにひきかえ堀内は、その裏二死後豊田に右中間二塁打されたが、中西を外角攻めで一ゴロに退け、息をつかせた。この差は思い切った投球が出来るか出来ないかの違いであったといってもよかった。やはりきわどいコースを衝こうとすれば、きつい練習から生れる強い自信がなければ不可能だ。

西鉄は島原の次に四回からエース稲尾を繰出して巨人の追加点を阻みながら反撃に出ようとした。しかしカーブ、ドロップを投げる堀内の投球は前半高目が多かった。この高目の球に手を出した西鉄打者が飛球七を数える凡退を繰返したので、一向に得点のいとぐちがつかめず、するすると回が進んだ。堀内と稲尾がペースを失わず、投げ合って七回を迎えた。

稲尾、決勝の一点　西鉄―巨人第五戦の十回裏、西鉄一死後、稲尾、大友から左翼スタンドへ本塁打を放ち、ファンやナインに迎えられホームイン

## 中西2ラン 関口同点打

西鉄は低目に投げる堀内の投球を豊田が選んで二度目の無死走者のチャンスをつかんだ。次打者中西は0―2後の低目をファウルした後、外角への直球を見事右翼へ本塁打して一点差と迫った。この一打で西鉄は気負い立ったが、堀内の調子は変らず九回となった。

この回トップの小淵が三塁線二塁打して堀内を脅かした。堀内が小淵に対してカウント1―2から2―2とした時に西鉄の三原監督から低いとの抗議が出、つぎの内角球を三塁線に強襲され、しかも後にそらした長嶋のファウルとの不服も受付けられない一幕もあって藤田の救援となった。不運な堀内をかえたは当然の策といえた。西鉄は勝負強い豊田にバントさせ、後続打者で得点をねらった。中西は内角を攻められて初球を三ゴロ、関口が1―3後内角球をよく中前に快打して同点とした。

勢いに乗った西鉄は十回から登板した大友に、一死後稲尾が1―10を左に本塁打してケリをつけた。稲尾投打にわたる活躍が西鉄の勝因であった。ねばりの出た西鉄の長打は驚きのほかはなかった。巨人は稲尾に牛耳られて追加点が出来なかったのは、堀内がよかっただけに惜しい。（樋北）

| 巨人 | 打 | 安 | 点 | 得 | 振 | 四 | 犠 | 盗 | 失 |
|---|---|---|---|---|---|---|---|---|---|
| (遊)広岡 | 2 | 0 | 0 | 1 | 0 | 2 | 0 | 0 | 0 |
| (中)坂崎 | 3 | 1 | 0 | 1 | 2 | 0 | 0 | 0 | 0 |
| 中 岩本 | 1 | 0 | 0 | 0 | 0 | 0 | 0 | 0 | 0 |
| (左)与那嶺 | 4 | 1 | 3 | 1 | 0 | 0 | 0 | 0 | 0 |
| (三)長嶋 | 4 | 2 | 0 | 0 | 0 | 0 | 0 | 1 | 0 |
| (捕)藤尾 | 4 | 0 | 0 | 0 | 1 | 0 | 0 | 0 | 0 |
| (一)川上 | 4 | 1 | 0 | 0 | 0 | 0 | 0 | 0 | 0 |
| (二)土屋 | 4 | 0 | 0 | 0 | 1 | 0 | 0 | 0 | 0 |
| (右)宮本 | 4 | 0 | 0 | 0 | 3 | 0 | 0 | 0 | 0 |
| (投)堀内 | 3 | 0 | 0 | 0 | 0 | 0 | 0 | 0 | 0 |
| 投 藤田 | 1 | 0 | 0 | 0 | 1 | 0 | 0 | 0 | 0 |
| 打 国松 | 0 | 0 | 0 | 0 | 0 | 0 | 0 | 0 | 0 |
| 投 大友 | 0 | 0 | 0 | 0 | 0 | 0 | 0 | 0 | 0 |
| 計 | 34 | 5 | 3 | 3 | 8 | 2 | 0 | 1 | 0 |

| 西鉄 | 打 | 安 | 点 | 得 | 振 | 四 | 犠 | 盗 | 失 |
|---|---|---|---|---|---|---|---|---|---|
| (中)高倉 | 3 | 0 | 0 | 0 | 0 | 1 | 0 | 0 | 0 |
| (右)玉造 | 0 | 0 | 0 | 0 | 0 | 0 | 0 | 0 | 0 |
| 右 花井 | 3 | 1 | 0 | 0 | 1 | 0 | 0 | 0 | 0 |
| 三 小淵 | 1 | 1 | 0 | 0 | 0 | 0 | 0 | 0 | 0 |
| 三 滝内 | 0 | 0 | 0 | 1 | 0 | 0 | 0 | 0 | 0 |
| (遊)豊田 | 2 | 1 | 0 | 1 | 0 | 1 | 0 | 0 | 0 |
| (三)中西 | 4 | 1 | 2 | 1 | 0 | 0 | 0 | 0 | 0 |
| (左)関口 | 4 | 1 | 1 | 0 | 0 | 0 | 0 | 0 | 0 |
| (一)田中 | 4 | 0 | 0 | 0 | 0 | 0 | 0 | 0 | 0 |
| (捕)日比野 | 2 | 0 | 0 | 0 | 0 | 0 | 0 | 0 | 0 |
| 打 河野 | 1 | 0 | 0 | 0 | 1 | 0 | 0 | 0 | 0 |
| 捕 和田 | 0 | 0 | 0 | 0 | 0 | 0 | 0 | 0 | 0 |
| 打 田辺 | 1 | 0 | 0 | 0 | 0 | 0 | 0 | 0 | 0 |
| (投)西村 | 0 | 0 | 0 | 0 | 0 | 0 | 0 | 0 | 0 |
| 投 島原 | 0 | 0 | 0 | 0 | 0 | 0 | 0 | 0 | 0 |
| 打 城戸 | 1 | 0 | 0 | 0 | 1 | 0 | 0 | 0 | 0 |
| 投 稲尾 | 3 | 1 | 1 | 1 | 0 | 0 | 0 | 0 | 0 |
| (二)仰木 | 1 | 0 | 0 | 0 | 0 | 0 | 0 | 0 | 0 |
| 右 大下 | 2 | 0 | 0 | 0 | 0 | 0 | 0 | 0 | 0 |
| 計 | 32 | 6 | 4 | 4 | 3 | 2 | 1 | 0 | 0 |

本塁打　与那嶺（西村）中西（堀内）稲尾（大友）▽二塁打　坂崎　豊田、小淵▽併殺　巨1▽残塁　巨3、西3▽投手成績　堀内8回⅓（安4、責3）藤田1（1、0）大友⅔（1、1）西村0（2、3）島原3（2、0）稲尾7（1、0）▽勝　稲尾▽敗　大友

### 試合経過

【一回】巨　広岡死球、坂崎左前テキサス二塁打で広岡三進、与那嶺右翼三点本塁打（西鉄投手島原となる）長嶋右飛、藤尾右飛、川上遊越安打、土屋三振▽西　高倉右飛、玉造の代打花井遊ゴロ、豊田右中間二塁打、中西一ゴロ。

【二回】巨（西鉄右翼手花井となる）宮本三振、堀内右飛、広岡三ゴロ▽西　関口右飛、田中二飛、日比野二ゴロ。

【三回】巨　坂崎三振、与那嶺二ゴロ、長嶋三塁右の安打、藤尾中飛▽西　島原の代打城戸三振、仰木中飛、高倉左飛。

【四回】巨（西鉄の投手稲尾となる）川上中飛、土屋一飛、宮本右飛▽西　花井左中間安打、豊田遊ゴロ併殺、中西遊ゴロ。

【五回】巨　堀内一ゴロ、広岡四球、坂崎打者のとき投手ケン制球に刺さる。坂崎三振▽西（巨人の中堅手岩本となる）関口中飛、田中中飛、日比野二ゴロ。

【六回】巨　与那嶺・長嶋ともに左飛、藤尾三振▽西　稲尾投ゴロ、仰木の代打大下中飛、高倉四球、花井三振。

【七回】巨（西鉄の右翼手大下、二塁手小淵となる）川上三飛、土屋二飛、宮本三振▽西　豊田四球、中西右翼本塁打、関口中飛、田中二ゴロ　日比野の代打河野三振。

【八回】巨（西鉄の捕手和田となる）堀内中飛、広岡遊ゴロ、岩本投ゴロ▽西　稲尾投ゴロ、大下二ゴロ、高倉遊ゴロ。

【九回】巨　与那嶺一ゴロ、長嶋左前安打、藤尾二飛、川上打者のとき長嶋二盗、川上二ゴロ▽西　小淵三塁線二塁打（走者滝内となり、巨人の投手藤田となる）豊田投前バントで滝内三進、中西三ゴロ、関口中前安打で滝内生還、田中二飛。

【十回】巨（西鉄二塁手滝内となる）土屋遊ゴロ、宮本三振、藤田2ストライクのあと代打国松三振▽西（巨人の投手大友となる）和田の代打田辺三ゴロ、稲尾左本塁打。（終了四時三十九分）

### 稲尾に抑えられては勝てぬ

水原監督の話　何もいうことはない。稲尾にあれほど押えられて一点も取れなかったのでは逆転負けも仕方がない。投手の交代が悪かったというが、藤田が関口に一本打たれ、同点にされてからは責任をすごく感じていたようで、ああなったら藤田もダメだ。続投させるより藤田に休ませた方が、あとのためによいと思い大友に代えた。

### 関口を残したのが勝因

三原監督の話　今度のシリーズはいつも先発投手の人選を誤って苦戦したが、きょうもそうだった。中西のホームラン、九回小淵の二塁打が有難かった。当っている豊田にバントさせたのは確実に一点ほしかったからだ。中西の三ゴロで二死になったときは、もうダメだと観念したが、関口が苦手のインコーナーをよくヒットしてくれた。その前に打順をいじったとき、関口を代えようかという考えがチラと浮んだが、残しておいたことが勝因となった。これで二勝三敗になったが、まだ向うは後があり、こちらは土壇際なので不利なことに変りはない。しかし東京では稲尾が使えるし、勢いに乗って一気に押していく。選手も、これで自分の力を信じ全力を注ぐと思う。

### 思い切り振った

稲尾選手の話　外角をねらってたんだがシュートが内角へ来たので思い切り振った。ピッチングはきのう監督さんが七回くらい投げられるかと聞かれたが投げられる自信は十分あった。

［1958年10月18日付 朝日新聞より抜粋］

1958年10月17日 西鉄×巨人（日本シリーズ第5戦）

## 流れの決まった第5戦

シリーズ直前に体調不良で調子を崩した西鉄のエース、稲尾。その不調を引きずるように1戦目、巨人に打ち込まれる。西鉄は2戦目も島原で3-7と星を落とした。さらに3戦目は、巨人・藤田に4安打に抑えられて完封負け。西鉄は後がなくなった。

このままの勢いで巨人が日本一へと一気に登りつめるかと思われた4戦目。10月15日は前日からの雨で中止となる。しかし、15日の中止決定が午前8時と早かったことが問題となった。主催者は、九州各地から尋ねるファンが平和台を訪れる前に中止発表した、と伝えたが、巨人側は稲尾を休ませるための策略だといきり立った。巨人の監督・水原は西鉄・三原に直接抗議の電話をかけてプレシャーをかけたという。

翌16日は、「休んだ」はずの稲尾が序盤から失点し、2回表までで0-3と巨人がリード。稲尾はこれまでの反省から配球を変えることを試みたが、これが裏目に出る形となった。三原監督はここで、捕手をベテランの日比野に変える。これにより、立ち直った稲尾が3回以降巨人を1失点に抑え、完投で西鉄が踏みとどまった。

第5戦の17日、西鉄の先発は西村。しかし、いきなりの連打で3点を失い、1アウトも取れずに降板。後を継いだ島原が3回まで無失点に抑えるも、巨人・堀内のまえに西鉄打線は全く打てそうな気配がなく、敗色濃厚だった。

4回からは前日完投の稲尾が登板し、以降巨人打線を抑える。7回、中西の2ランホームランで1点差に迫り、9回裏がこの試合のポイントとなった。先頭小淵が三塁戦強襲のヒット。しかし、これはファウルだと長嶋が抗議した。結局これは受け入れられず、豊田送りバントの後、中西のタイムリーヒットで同点。10回は稲尾自らのホームランで2勝3敗とした。西鉄は6戦、7戦も稲尾がフル回転で連勝。「神様・仏様・稲尾様」と呼ばれたように、この年は稲尾に始まり稲尾に終わるシリーズとなった。

# 上井草球場

*Kamiigusa Stadium*

プロ、アマチュアともに
多くの試合数が組まれた——

**STADIUM DATA**

### 上井草球場

**所在地** ： 東京都杉並区
**開場** ： 1936年（昭和11年）8月
**閉場** ： 1959年（昭和34年）2月
**収容定員** ： 47,500人
**左翼** ： 100m　**右翼** ： 100m　**中堅** ： 118m
**設計者** ： 不詳

上井草球場は農林大臣などを務めた有馬頼寧などにより創設された東京セネタースのホームグラウンドであった（撮影日不詳 写真提供／野球体育博物館）

**上**：上井草球場の収容人員は3万人と謳われた（撮影日不詳 写真提供／野球体育博物館）

**下**：戦後まもなくは東京六大学野球の試合を中心に使用された。両翼約100m、中堅118mと立派な規模をもつ球場であった（撮影日不詳 写真提供／野球体育博物館）

入場口周辺。周りにはのどかな田園風景が広がっていた（撮影日不詳 写真提供／野球体育博物館）

## 西武が乗客誘致のために建設した野球場

1936年、鉄道利用客誘致のために西武鉄道は東京・杉並の上井草に野球場を建設する。当時、上井草のあたりは田畑が広がる、典型的な武蔵野の風景であった。職業野球団・東京セネタースの本拠地球場として開場したが、文京区に後楽園球場ができると、職業野球での利用は少なくなる。

1940年に西武は東京都に球場を譲渡。上井草球場周辺は運動公園として整備されることになった。終戦後は軍の接収を逃れ、東京六大学野球を中心に試合が開催された。

両翼100・6m、中堅118・9mとなかなかの規模を持った野球場だったが、プロ野球公式戦の開催は少なく、もっぱらアマチュア野球がメインとなった。

その中でホームグラウンドにしていたのは東京セネタースだった。

セネタースは1936年1月17日に結成。初代監督には横沢三郎が選ばれた。

東京セネタースは名古屋金鯱軍と合併、大洋軍となるなどし、終戦後は東急フライヤーズへと発展している。

1959年、水道用の貯水池確保のため、野球場は閉鎖となり、約20年あまりという短い期間で寿命を終えた。その後、野球場跡地の貯水池は埋めたてられて上井草総合運動場となっている。

現在、球場跡地は上井草スポーツセンターとして残り、同施設内には往事の写真などがパネル展示されている。

# 松山市営球場

*Matsuyama Municipal Baseball Stadium*

高台に松山城を臨む
地方球場の典型

STADIUM DATA

**松山市営球場**

**所在地**：愛媛県松山市
**開場**：1948（昭和23年）7月
**閉場**：2003（平成15年）5月
**収容定員**：25,000人
**左翼**：90m　**右翼**：90m　**中堅**：118m
**設計者**：不詳

1980年に入って設備の老朽化が顕著になり2003年5月で閉場、2004年4月から取り壊しが始まった（2004年4月14日 写真提供／朝日新聞社）

## 松山城の濠の中に建てられたローカルな球場

松山市民の勤労奉仕などにより、1947年7月に誕生したという松山市民球場は、閉場までナイター設備のないアナクロな球場であった。また、松山城の濠の中、という立地も特殊だった。

スタンドは当初は盛り土であったが、1967年に鉄筋コンクリートに改修。社会人野球や高校野球などのアマチュア野球の試合が主だったが、オリックス、広島などを中心にプロ野球のオープン戦や公式戦も年間数試合行われた。

もっとも、前出のとおりナイター設備がないため、もっぱらデーゲームに限られた。また、両翼は90・8m、中堅は118・9mで、プロ野球1軍の硬式試合を行うにはややもの足り

**上**：バックネットの後方には甲子園球場のような「傘」が備えてあった（1999年4月9日 写真提供／松岡宏）

**中**：松山城から球場を臨む。球場は濠の中にあった（1999年4月9日 写真提供／松岡宏）

**下**：広島カープでプレイしていた頃のマーティ・ブラウン（現・東北楽天ゴールデンイーグルス監督）（1999年4月9日 写真提供／松岡宏）

**左頁上**：松山市内には2000年5月に松山中央公園球場（通称・坊ちゃんスタジアム）が造られた（2001年3月23日 写真提供／松岡宏）

**左頁中**：正面入場口。閉鎖前はだいぶ傷みが進んでいた（撮影日不詳 写真提供／小池明英）

**左頁下**：松山のスコアボードは閉鎖までパネル式だった（1999年4月9日 写真提供／松岡宏）

ない規模であった。さらにグラウンド整備が行き届いておらず、1999年3月のオリックス×中日戦の際、中日の星野監督が「こんなボコボコのグラウンドで選手がケガをしたらどうするんだ」と激高したというエピソードも残されている。

多くの地方球場では1960~80年代に大幅な改修が行われているが、松山市営球場のある城山公園敷地内に松山城があることから改修に後手を踏み、しだいに老朽化が進む。その結果、市は改修を断念し、同じ市内の松山中央公園に新球場を建設することになった。新球場は一般公募により「坊ちゃんスタジアム」と愛称をつけられた。なお、これに伴って、松山市営球場は2003年5月31日に閉鎖、2004年4月に解体が始まった。

# 横浜公園平和野球場

*Matsuyama Municipal Baseball Stadium*

プロ野球初めてのナイトゲームが行われた——

STADIUM DATA

**横浜公園平和野球場**

**所在地** ： 神奈川県横浜市
**開場** ： 1929年（昭和4年）
**閉場（解体）** ： 1977年（昭和52年）4月
**収容定員** ： 不詳
**左翼** ： 不詳　**右翼** ： 不詳　**中堅** ： 不詳
**設計者** ： 不詳

開場時は「横浜公園球場」。1945年8月の接収で「ルー・ゲーリックスタジアム」、接収解除に伴って1955年に「横浜公園平和野球場」と名を変えた。写真は1947年8月29日に行われた女子野球大会での1コマ（写真提供／横浜市史資料室）

女子野球にて。無帽でのバッティング、捕手はレガース・プロテクター不装着と現在の野球からは考えられないスタイルだった（1947年8月29日 写真提供／横浜市史資料室）

プロ野球初のナイトゲーム、巨人対中部（現中日ドラゴンズ）の試合が行われ、3－2で中部が勝利（1948年8月17日 写真提供／毎日新聞社）

1958年、「横浜開港100年祭記念式典」が横浜公園平和野球場で行われた（1958年5月10日 写真提供／朝日新聞社）

## ベーブ・ルースや ルー・ゲーリックもプレーした

横浜公園平和野球場（以下平和球場）では、戦後はプロ野球公式戦の記録はほとんどないが、大洋ホエールズ（現・横浜ベイスターズ）や横浜スタジアムの誕生と深い関わりを持つ。

平和球場は1929年、関東大震災復興記念事業として建設された。当時の名称は横浜公園球場。1934年にはルー・ゲーリッグ、ベーブ・ルースなどのアメリカ大リーグ選抜チームと、沢村栄治らの日本代表チームとの国際親善試合が行われている（日本4－21米国）。

大戦中、球場は閉鎖され、スタンドは捕虜の収容所となった。そして終戦後、球場名を「ルー・ゲーリック（正式には「グ」だが

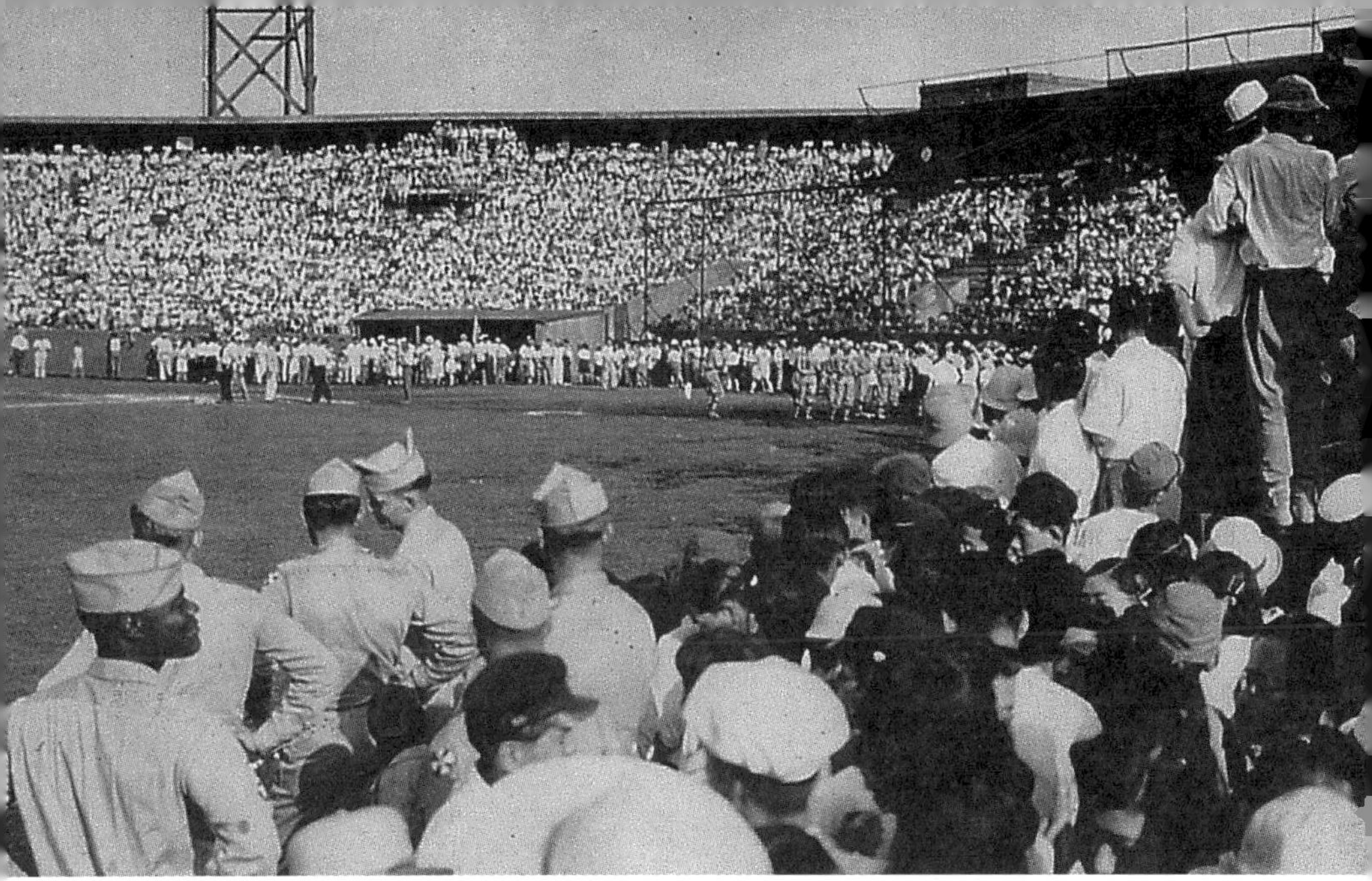

女子野球となると、進駐軍の兵士が多くつめかけた（1947年8月29日 写真提供／横浜市史資料室）

横浜公園の敷地の多くを占めていた。ルー・ゲーリックスタジアム時代の全景（1951年6月14日 写真提供／横浜市史資料室）

平和野球場が解体されたのち、横浜公園内には横浜スタジアムが新設された（1976年12月15日 写真提供／横浜市史資料室）

日本では「ク」と呼んだ）球場とし、女子野球などのユニークなイベントが行われる。また、終戦と同時にゲーリックスタジアムには照明施設が設置された。

１９４８年、プロ野球で初めてのナイトゲームを開催。対戦カードは当時人気のある2チームが選ばれ、東京巨人軍×中日ドラゴンズの試合だった。20時８分と現在から考えるとずいぶんと遅い時間に試合開始、２-３で中日が勝利したのは22時１分のことだった。それでも、試合当日はスタンドに入りきれないほどの観客が詰めかけ、グラウンドに人があふれるほどだったという。

初のナイターらしいエピソードも残されている。初回に打席に立った巨人の青田が、ボールが見えなかったのか顔面に死球を受けて退場している。

１９５２年に接収解除され

上：解体3ヵ月前の平和野球場。晩年は主にアマチュア野球で使用された（1977年1月 写真提供／横浜市史資料室）
下：平和野球場のスコアボードは藤沢市の八部野球場へ（現在は改築）（1977年1月 写真提供／横浜市史資料室）

建材に使用されていたコンクリートの劣化により1970年からスタンドの上部は閉鎖された（1977年1月 写真提供／横浜市史資料室）

外野席は一面芝生だった（1977年1月 写真提供／横浜市史資料室）

解体前に残されていた場内の売店（1977年1月 写真提供／横浜市史資料室）

ると球場名は「横浜公園平和野球場」となり、以降はアマチュア野球を中心に利用された。

１９７０年頃から老朽化が進むも、プロ野球公式戦で使えるほどの規模はなかったことから、改修工事は行われることなかった。しかし、コンクリートの劣化等が目立ち、安全性が不安視された。

このころ、川崎球場を本拠地としていた大洋ホエールズの横浜移転の計画が持ち上がっていた。その結果、同球団は横浜市内に新球場を建設することとなった。１９７７年４月に新球場「横浜スタジアム」が着工すると、平和球場は解体されることになった。なお、１９８４年までスコアボードのみ藤沢市の八部《はっぺ》球場に移設されて使用されていたが、現在は残っていない。

# 【コラムⅢ】手書きの選手名が残る野球場
# スコアボードの看板師

堤　正孝《まさたか》さん
静岡県営愛鷹球場（静岡県沼津市）

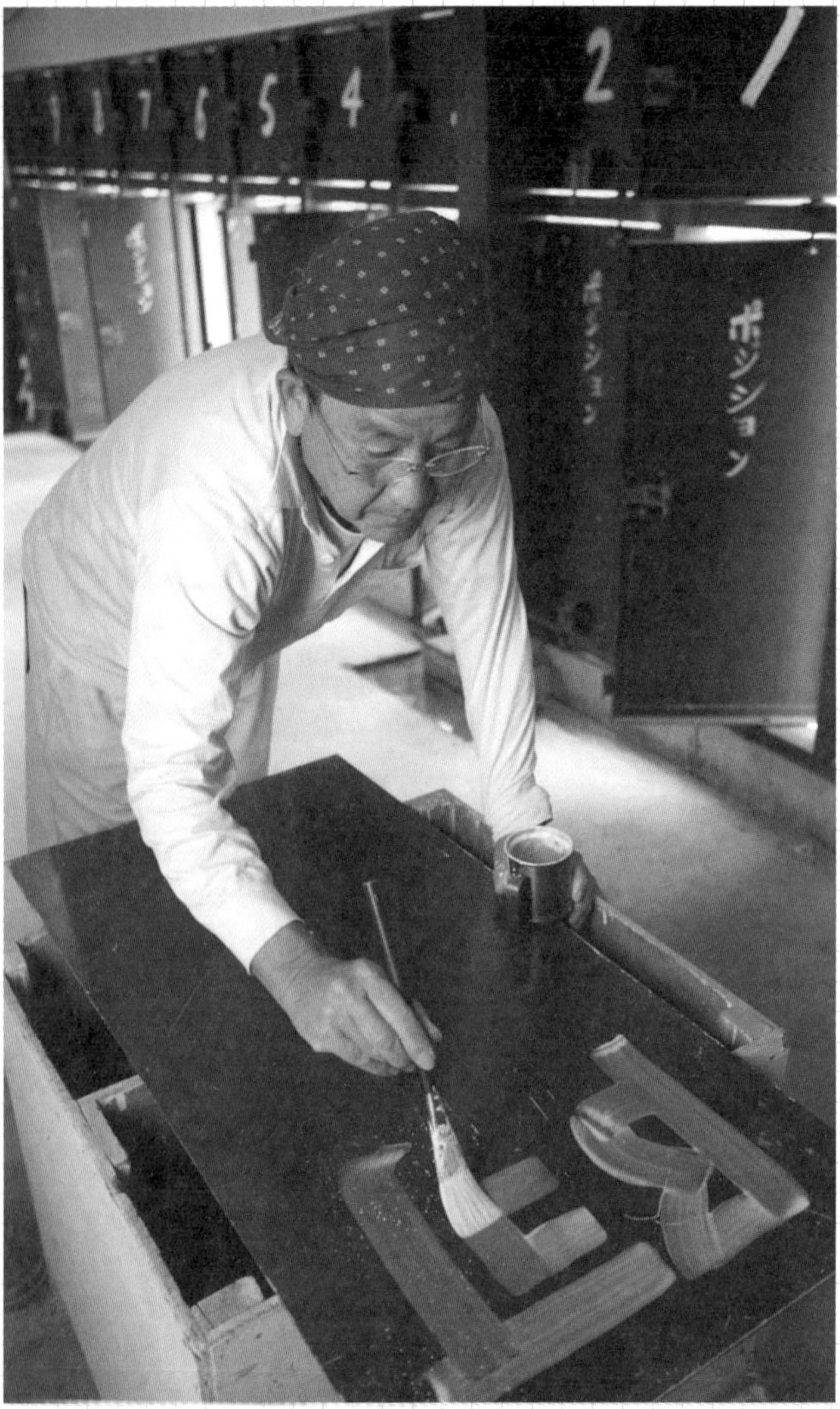

（協力：横浜ベイスターズ　写真：川久保ジョイ　２０１０年５月３日）

普段、野球はほとんど見ないという堤さん。有名選手の名前も淡々と書き込んでゆく

１９８０年代に入るとスコアボードは、各球団の本拠地球場はもとより、地方球場でも磁気反転式、もしくは電光式に変わり、手書きで行うところは少なくなっていった。

手書きのスコアボードで塗料となるのは、石灰もしくは貝の粉を水に溶いたものである。これは水で簡単に消すことができるが、同時に雨が降ると流れて消えてしまう。甲子園球場でも雨天のゲームではこのような「事故」が起こり、「スコアボードが泣いている」といわれた。

現代では高校野球の地方予選で使われるようなローカルな球場ではともかく、プロ野球公式戦を行うところでは手書きのスコアボードはほとんど見ることができなくなった。しかし、わずかながらプロ野球二軍の公式戦で使われる野球場で手書きのスコアボードが残っているところがある。

静岡県沼津市の静岡県営愛

堤さんの「マネージャー」を務めるのは地元の総合広告店「アート・ビジョン」の小谷一雄社長

スコアボードの溝に数字の入った板をはめて回転させるパネル式スコアボード

塗料に使われているのは貝殻を削って粉状にしたものだ

書きあがったボードを床に並べるのは小谷さんの仕事だ

選手名を書き込まれた板は、塗料を乾かすために1日寝かしておく

鷹球場。ここではいまだ手書きのスコアボードが残っている。毎年春と秋の2試合、湘南シーレックスの主催による二軍の公式戦が組まれる。2010年春は5月3日の祝日とあって多くの野球ファンが詰め掛けた。

愛鷹球場で看板を書いているのは市内に住む堤正孝《まさたか》さん（58）。スコアボードの看板を書くようになってからはまだ3年ほどだという。しかし、看板師としての腕は確か。下書きもせずに、次々と選手の名前を書き込んでゆく。愛鷹球場で行われるプロ野球の試合で、スコアボードの文字を書けるのは堤さんだけである。

野球ファンなのか、というとそうでもない。野球選手の名前を覚えているわけではないそうだ。なかには4文字、5文字の長い名前の選手もいる。外国人などには特に多い。

そうした場合でも、迷うことなく配置を考えて限られたス

粉と水の割合は目分量で。水1に対し、粉3くらいの割合で合成しているようだ

ペースに選手名を書き込んでゆく。塗料は貝の粉を使っている。

――石灰よりもこっちの方が板へのノリがいいんだよ

と堤さん。愛鷹球場は高校野球の予選でも使われるが、その際は石灰の粉が使われるという。

１人の選手を書き込むのに要する時間は約1分。漢字の書き順は必ずしも実際のものどおりではない。いわば看板師専用の書き順があるのだ。横なら横、タテならタテを一気に書いてからタテ（横）へ。格子を引くように書き込んでゆく。

試合に出場しない選手でも、二軍登録しているメンバーの名前の板を用意する。この日は調子を落としていたジャイアンツの内海投手が二軍登録されていたとあって、思わぬビッグネームを看板に書き込むことになった。しかし、堤さんにとってはそんなことは関係ない。書きやすい字、書きにくい字、は特にないという。

書きあがった看板は塗料を

客席やグラウンドからはっきりと見えやすいよう、乾いた後に上塗りをする

乾かすために、1日スコアボード裏に置かれる。看板に名前が書き込まれるのは試合前日のことである。細長いスコアボード裏のスペースに、ところせましと選手名が書かれた看板が並ぶ。両チーム併せて約40名の選手が書きあがって、試合当日までの時間を待つ。

沼津市南部の高台に建つ愛鷹球場。スコアボード後方には、晴れた日には駿河湾の海が広がる。その海からの風が強く吹いて、5月だというのに寒いくらいだ。試合当日。この日も看板師・堤さんは忙しい。風で塗料が薄れてしまった板や、持ち運びの際についてしまった傷で読みにくくなった板に上塗りする作業などがある。

スコアボードの入れ替えは地元の沼津野球連盟が行う。試合開始前にはオーダー表を手に、てんやわんやとなる。手書き時代の野球場はどこでもこうした光景だったのだろう。

アナウンスにあわせ、タイミングよく板を表に返してゆく

強風の日は板が飛ばされることも

高校野球で使用される際は高校生が選手名などを記載する。その際の塗料には石灰が使われている

メンバーが決まると、試合前のアナウンスに併せてスコアボードをグラウンド側にひっくり返してゆく。アナウンスの声とタイミングを併せて作業を行う。早すぎても遅すぎてもダメなのである。非常にアナログ仕事だが、電光式と比べるとどこか温かみがある。

愛鷹球場ではイニングの途中の加点は黄色い数字で、イニング終了後は白い数字で表示する。このため、大量点が入るイニングなどは大忙しだ。

この日は、前半こそ投手戦だったが、終盤に大量点が入って、スコアボードではあわただしく沼津野球連盟の人々が動き回る。

表示得点の誤りをなくすため、試合中はスコアボードのわずかな隙間から経過を常に確認。必ず複数の係員で得点を確認してから板を用意する。

9回。最後の打者をジャイアンツの投手・ロメロが討ち取ってゲームセット。たくさんの野

試合中はパネルの隙間から試合経過を常にチェック。これは得点表示を間違えないためにも欠かせないことだ

この日は快晴。しかし雨が降ると文字が流されてしまうのだ

年にわずか2度の公式戦はシーレックスのマスコットキャラ・レックも大忙しだ

球ファンを詰め込んだ愛鷹球場の春の二軍公式戦は無事終了した。「お疲れさまでした」と声をかけると、ホッとした様子の堤さん。沼津野球連盟の面々と打ち上げに向かうその姿は、職人の厳しい表情から人のいいおじさんの顔へと戻っていた。

次に堤さんたちが愛鷹球場で仕事をするのは秋になる予定。年に2回だけ働く姿を見ることができる、堤さんとこのアナログなスコアボードがいつまでも残るように願う。

# 下関市営球場

*Shimonoseki Baseball Stadium*

「セ・リーグ」としての開幕試合を行った——

STADIUM DATA

**下関市営球場**

**所在地** ： 北海道旭川市
**開場** ： 1949年（昭和24年）
**収容定員** ： 50000人
**左翼** ： 88m　**右翼** ： 88m　**中堅** ： 116m
**設計者** ： 不詳

1955年に大洋が本拠地を川崎に移してからは、主にアマチュア野球用のスタヂアムとして利用されたが、大洋主催のオープン戦はほぼ毎年行われている（1960年 写真提供／下関市広報広聴課）

## まるは球団創設時のホームグラウンド

　1949年11月22日、現在の横浜ベイスターズの礎となる株式会社まるは球団が設立された。球団名を「まるはホエールズ」とつけられたこの球団のオーナーは株式会社大洋漁業であった。「まるは」の名前は、大洋漁業の創始者である中部幾次郎の出身地である林村（現在の神戸市）から屋号を林屋とし、市場などで○に「は」の字を使用していたことからきているという。

　まるは球団の設立とともに、同球団のホームグラウンドとして下関市の中心部に下関市営球場（以下、下関球場）が誕生した。両翼88メートル、中堅116メートルは当時として立派な規模を持った野球場であった。また収容人員は5万人と謳《うた》われている。

　この頃プロ野球は2リーグ制となり、大洋ホエールズ（1950年開幕前に球団名を改称）はセ・リーグに所属している。1950年3月10日には下関球場で開幕ゲームが行われ、開幕2日目の3月11日には同球場初の本塁打が生まれた。打ったのは松竹ロビンスの岩本義之であった。これは同時にセ・リーグ初の本塁打で

もあった。

　1953年には松竹ロビンスと合併、大洋松竹ロビンスと球団名が変わる。同時に球団事務所は下関から東京都千代田区に移転した。この頃、成績は不振を極め、1953年の5位ののち、1954年から1959年まで6年連続で最下位に沈んでいる。またこの間、1954年に洋松ロビンス、同年12月より再び大洋ホエールズと球団名を変更、その際に下関から神奈川県の川崎へ本拠地を移転した。

　下関球場は1955年以降、大洋ホエールズの主催で公式戦が行われていたが交通の不便さや施設の老朽化により試合数は徐々に少なくなってゆく。

　そして1985年をもって閉鎖が決定。跡地には下関市立中央病院が建設された。なお、1988年より同じく「下関球場」の名前で下関北運動公園内に新球場を建設。横浜主催のオープン戦や公式戦が行われている。

　初代大洋時代から、下関球場で公式戦を行った時期は長くはなかったが、下関市民の同球団への思いは根強く、日本シリーズで優勝した1960年、1998年には同地で優勝パレードが行われた。

**大洋 心機一転の再出発**

大洋ホエールズの再出発の年だ。二年間の松竹との寄合世帯を清算して再び大洋は一人逞しい歩みを始めた。藤井新監督のもと新しいチームカラーの作成を急いだが、まだまだチーム力の不足は覆いがたく史上最低の勝率で最下位に呻吟した。苦しい再スタートといえよう。

ホエールズに戻った大洋はユニフォームの装いも新たに春のオープン戦で下関球場にお目見得した。勢ぞろいした再出発の大洋に地元のファンは喝采を送った

**右頁上**：1963年の国体では会場として使用（写真提供／下関市広報広聴課）

**右頁中**：国体での高校野球の入場券。この大会では地元の下関商業が優勝した（写真提供／下関市広報広聴課）

**右頁下**：老朽化により1985年に解体。跡地は下関市立中央病院の敷地となっている（1955年11月 写真／毎日新聞社）

**上**：下関市内の野球場としては1988年7月、下関北運動公園に完成した下関球場がある。同球場では、横浜主催のオープン戦がほぼ毎年組まれる（1997年3月8日 写真／松岡宏）

**下**：1955年、下関から川崎へと移った大洋ホエールズ。この前年、松竹ロビンスから（1950年以来5年ぶりに）大洋ホエールズに球団名を戻した。下関球場のオープン戦での集合写真（『ホエールズ15年史』【1964年】より 資料提供／横浜ベイスターズ）

# 高松市立中央球場

*Takamatsu Central Baseball Stadium*

プロ野球史に名を刻む
名選手たちのふるさと

## 戦後復興を記念 市民の手で建てられた

高松市中央球場（以下中央球場）は、戦後復興のシンボルとして1947年5月1日に開場。建設にあたっては、野球の名門・高松商業の生徒なども勤労奉仕して完成させた、文字どおり香川県民の野球場だったのである。

中西太（西鉄）や穴吹義雄（南海）など、往年の名選手たちが高校時代にプレイした中央球場だが、外野スタンドがないことや両翼92m、中堅113mと狭いことなどから、必ずしもプロ野球の試合に適した野球場というわけではなかった。1949年に大阪タイガースの別当薫が1試合3ホーマーの新記録（当時）をやってのけた球場として知られるが、ホームランやファウルの際には周辺に打球が飛び出すことで安全性が問題視され、1960年代以降プロ野球公式戦の試合開催は徐々に少なくなっていった。

1970年代に入って中央球場の老朽化が進むと、香川県でも新球場建設の計画が机上に上り始める。そして、紆余曲折を経て同じ市内の生島町に香川県営野球場の新設が決定した。1982年4月春季四国地区高校野球の香川県大会決勝、尽誠学園×丸亀商業（現・丸亀城西高校）が最後の試合となった。この試合後、閉場セレモニーが行われ、香川県下の高校野球部員が「サヨナラ57（昭和57年の意）」の人文字を作って中央球場を送り出した。

**上**：閉場の際は香川県の高校野球部員が集まり、グラウンドに「サヨナラ」の人文字が書かれた（1982年4月17日 写真提供／高松市歴史資料館）

**下右**：1947年、開場の際の竣工式の様子（1947年5月1日 写真提供／四国新聞社）

**下左**：香川県営野球場の開場とともに閉鎖、解体された。跡地は高松市立中央公園となり、香川県出身の三原脩と水原茂両選手の銅像が建てられた（1982年 写真提供／四国新聞社）

**STADIUM DATA**

**高松市立中央球場**

**所在地**：香川県高松市
**開場**：1947年（昭和22年）5月
**閉場**：1982年（昭和57年）4月
**収容定員**：10,000人
**左翼**：92m　**右翼**：92m　**中堅**：113m
**設計者**：不詳

# 駒澤野球場

*Komazawa Stadium*

# 短期間で姿を消した個性派チーム・フライヤーズの本拠地

**STADIUM DATA**

**駒澤野球場**

**所在地** ： 東京都世田谷区
**開場** ： 1953年（昭和28年）9月
**閉場** ： 1961年（昭和36年）
**収容定員** ： 20,000人
**左翼** ： 91.5m　**右翼** ： 91.5m　**中堅** ： 122m
**設計者** ： 不詳

入場者数200人ということもあったが、照明施設の完備とともに動員数は増えていった（1955年6月4日 写真提供／朝日新聞社）

## フライヤーズ過渡期の本拠地球場

　後楽園球場の日程過密から、毎日オリオンズは東京スタジアムを新設したが、東急フライヤーズは、東京・世田谷区に駒澤野球場（以下、駒沢球場）を創設した。駒沢球場は突貫工事で造られたこともあり、内野・外野スタンドともにベンチや椅子が設置されておらず、いずれも土を盛っただけの簡素な野球場であった。

　また、球場周辺には現在では考えられないような牧歌的な風景が広がっており、畑なども多かったために肥料の臭いが球場まで漂ってきたという。そうした理由から、開場後の入場者数は思わしくなく、観客わずか２００人程度の日もあったという。

　駒沢球場の建設により、東急は後楽園での主催試合を取りやめ、駒沢球場は東急の正式なホームグラウンドとなった。その直後に東急は同系の東映に球団を譲渡、球団名は東映フライヤーズとなった。

　その後、6基の照明が備わり、チームも大下、張本らの活躍で上昇期へと入る。１９６１年のシーズンから水原茂を監督に据え、Bクラスの常連だったフライヤーズは2位に浮上。所属選手はいずれも血気盛んで「駒沢の暴れん坊」のニックネームで親しまれた。

　しかし、１９６４年開催の

駒沢球場で優勝を決めた南海ホークス。宙に舞うのは山本一人監督（1961年10月15日 写真提供／毎日新聞社）

観戦に訪れた団体客のバス車掌、運転士も外野の芝生席上段で観戦（1955年6月10日 写真提供／毎日新聞社）

東映ファンで沸き返る駒沢球場のスタンド（1958年6月 写真提供／毎日新聞社）

別所毅彦が300勝を達成。水原茂監督と笑顔で握手する（1959年10月14日 写真提供／読売新聞社）

上：駒沢球場は世田谷の田園地帯にあった（1961年11月 写真提供／毎日新聞社）
下：「ケンカはち」や「ケンカ八郎」と愛称をつけられた東映・山本八郎選手。1958年5月10日、対南海戦で審判に暴力をふるい無期限出場停止となるが、ファンの署名活動で再出場する事ができた（1958年6月16日 写真提供／毎日新聞社）

東京オリンピックのために、東京都より用地の返還を求められる。その結果、翌１９６２年より東映フライヤーズは同じ都下の明治神宮野球場に本拠地を移し、駒沢球場はわずか9年という期間で閉場されることとなった。１９６２年は駒沢球場の閉場を惜しむかのように、フライヤーズは大躍進し、球団史上初のリーグ優勝、さらにその勢いを駆って日本シリーズも制し日本一に昇りつめる。そして、駒沢球場はそのシーズンオフに解体工事が始められ、オリンピックの競技施設が建設された。

オリンピック終了後、駒沢オリンピック公園が整備されると１９６５年、同公園内に第2代の「駒沢球場」が建設されたが、こちらはアマチュア専用の野球場となった。

# 西村（西鉄）がパーフェクト・ゲーム
## プロで五人目の大記録

十九日駒沢球場で行われたパ・リーグ、東映—西鉄十六回戦で西鉄の西村貞朗投手は完全試合（パーフェクト・ゲーム）の大記録を樹立した。西村投手は絶妙のコントロールで切れの良いカーブ、鋭いシュートを低目にきめ、常に打者を追込み、少しも危なげがなかった。日本プロ野球で完全試合は藤本（巨人＝二十五年）武智（近鉄＝三十年）宮地（国鉄＝三十一年）金田（国鉄＝三十二年）に次いで五人目である。西村投手の投球数は百一球でストライク19、ボール31、空振り10、ファウル20、打球21、東映二十七打者の内訳は三振6、内野ゴロ15、内野フライ4、外野フライ2である。

プロ野球成績（19日）

▽パ・リーグ
西鉄 1—0 東映
近鉄 7—3 阪急
▽セ・リーグ
中日 6—3 巨人
阪神 4—3 国鉄

㊗（後楽園）
雨で中止▽パ＝大毎対南海

セ・リーグ成績
（…節・19日まで）

| | 試 | 勝 | 敗 | 分 | 率 | 差 |
|---|---|---|---|---|---|---|
| 巨人 | 77 | 49 | 28 | 0 | .636 | |
| 阪神 | 80 | 44 | 36 | 0 | .550 | 6.5 |
| 国鉄 | 79 | 39 | 38 | 2 | .506 | 10 |
| 中日 | 69 | 33 | 35 | 1 | .486 | 11.5 |
| 大洋 | 72 | 30 | 41 | 1 | .424 | 16 |
| 広島 | 71 | 26 | 43 | 2 | .380 | 19 |

パ・リーグ成績
（第16節・19日まで）

| | 試 | 勝 | 敗 | 分 | 率 | 差 |
|---|---|---|---|---|---|---|
| 南海 | 78 | 50 | 26 | 2 | .654 | |
| 阪急 | 77 | 43 | 30 | 4 | .584 | 5.5 |
| 西鉄 | 76 | 41 | 31 | 3 | .567 | 7 |
| 大毎 | 75 | 38 | 34 | 3 | .527 | 10 |
| 東映 | 80 | 35 | 43 | 2 | .450 | 16 |
| 近鉄 | 79 | 17 | 60 | 2 | .228 | 33.5 |

東映—西鉄16回戦の九回裏、東映最終打者吉田を三ゴロに打ちとる西村投手（捕手は和田）

パ・リーグ 19日

◇駒沢＝夜間（16回戦東映8勝7敗1分）観衆一万五千

| | | | | |
|---|---|---|---|---|
| 西鉄 | 000 | 000 | 100 | 1 |
| 東映 | 000 | 000 | 000 | 0 |

（勝）西村 4勝5敗（25試合）
（敗）西田 9勝9敗（30試合）
（本）豊田3号（西田）

### 双方無四球、無失策

### 不振を克服　西村投手の横顔

### バックスのおかげ　西村投手の話

### 低目の球がよかった　三原監督の話

### 近鉄毎回安打

1958年7月19日 西鉄×東映

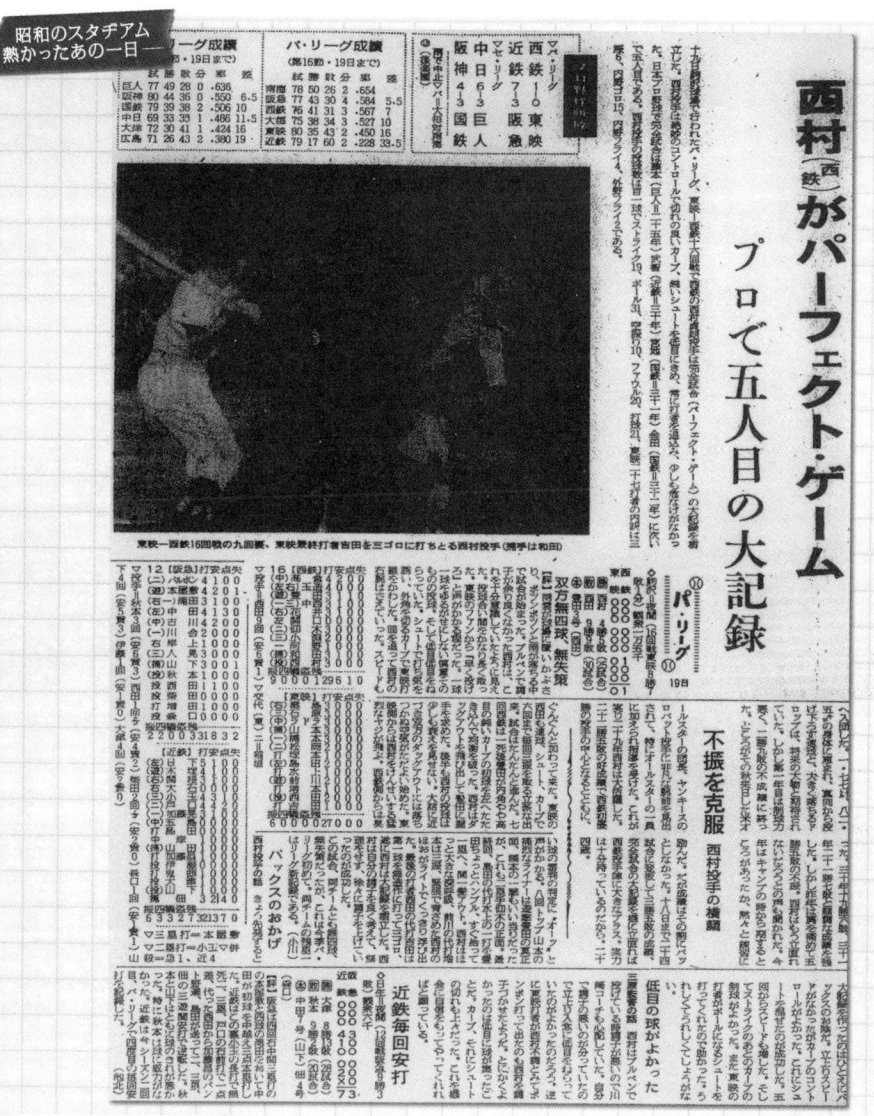

[1958年7月20日付 朝日新聞より抜粋]

## 慎重さが生んだ大記録

1954年22勝、1955年19勝、そして1956年21勝と2年目から3年連続して活躍した西村貞朗投手。しかし、1957年は登板数（29試合）、勝ち星（5勝[5敗]）とも大幅に減り1958年もそれまで3勝（5敗）と、以前の活躍から考えると寂しい成績だった。

この日の調子も決して良くは無かった。監督の三原も、ブルペンで調子が悪く心配していたという。しかし、絶好調ではないこの状態が、西村を慎重にさせた。ゆっくりとしたテンポで打者を焦らす。スタンドの東映ファンから「早く投げろ!」というヤジが飛んだほどだった。また、自分でも調子が悪いのがわかっていたので、低目を突くことをいつも以上に心がけた。序盤球が走っていなかったことで、東映打線が積極的に打ってきたことが、凡打の山を築くことにつながったと西鉄・三原監督は試合後にコメントしている。

無安打ピッチングを続ける西村だが、8回に山本がショートを襲う強烈な一打を放ち、スタンドが沸いたが、これは遊撃手・豊田の正面でアウト。また直後の二塁手・仰木への当たりも正面に飛ぶなど、運にも助けられた。

9回、最後の打者はサードゴロ。史上5人目（当時）の完全試合を達成した。0-1のスコアで、東映の西田も6安打無四球。両チームノーエラーの好ゲームだった。

試合後、西村は「バックのおかげ。うれしくてうれしくてしょうがない」とコメント。この年は7勝（10敗）。その後は目立った活躍をすることができず、1962年で引退したが、この一日で後世まで球史に名前を刻むこととなった。

【コラムⅣ】場内のホットスポット

# 昭和の野球場 食堂と売店

川崎球場にはほかでは考えられないほど素朴な売店があった（1982年10月7日 写真提供／松岡宏）

最近はどこの球場もきれいなスタンドを備え、通路も明るくなって女性や子供でも入り易い雰囲気となっている。

独特の空気があった昭和の野球場の雰囲気に対しては賛否両論あろうが、今ではもう無くなってしまった、一昔前の野球場の売店・食堂の様子を振り返ってみたい。

20年〜30年ほど前、特に地方球場には公営ギャンブル場のような雰囲気を持ったところがあった。そして、その象徴というべき場所が売店、そして食堂であった。値段も総じていまよりも安いところが多かったように思う。出てくるメニューはラーメンやカレーなどのほかに、モツ煮などを置いているところもあった。

また、売店ではファンブックやメガホンと並んでカップ酒やつまみなどがあり、子供をつれたお父さんたちが行列を作っていた。

季節によってメニューを変

**上**：すぐにゲームに戻れるようにとの配慮からか、カウンターのみだった川崎球場の食堂（撮影日不詳 写真提供／川崎球場）

**中右**：日本生命球場スタンド内の売店（1996年4月6日 写真提供／松岡宏）

**中左**：川崎球場には小さな売店がいくつもあった（撮影日不詳 写真提供／川崎球場）

**下**：川崎のラーメン店は名物だった（1982年10月7日 写真提供／松岡宏）

松山・坊ちゃんスタジアムの「東京ケーキ」は縁日の「鈴カステラ」のようなお菓子（2001年3月23日 写真提供／松岡宏）

川崎球場売店の屋根の赤・青・白はオリオンズカラー。場内の売店にもこの3色が使われていた（撮影日不詳 写真提供／川崎球場）

えているところが多いのも、野球場の食堂の特徴だった。冬にうどんやそばを出している店が、夏にはカキ氷を売ったりすることがあった。高校野球の地方予選などでお店の前に氷削器を出しているところなどは夏の風物詩といえた。

# 第2部
# プロ野球 名スタヂアム・フォトアルバム

## 昭和の面影を今に残す、現役の名スタヂアム――

阪神甲子園球場／横浜スタジアム／旭川市花咲スポーツ公園硬式野球場（スタルヒン球場）

ナゴヤ球場／札幌市円山球場／西京極総合運動公園野球場（わかさスタジアム）

宮城球場（クリネックススタジアム宮城）／明治神宮野球場／北九州市民球場／藤崎台県営野球場

# 阪神甲子園球場

*Hanshin Koshien Stadium*

虎党と高校球児の聖地は国内最古のスタヂアム

STADIUM DATA

**阪神甲子園球場**

所在地 ： 兵庫県西宮市
開場 ： 1924年（大正13年）8月
収容定員 ： 53,000人
左翼 ： 96m　右翼 ： 96m　中堅 ： 120m
設計者 ： 大林組

阪神甲子園球場（以下甲子園球場）に照明設備がついたのは1956年。「ナイター開幕試合」は伝統の一戦・阪神×巨人のカードだった
（1956年5月15日 写真提供／読売新聞社）

## 開設当初は多目的総合運動場として利用

国内の野球場としてはもっとも古い歴史を持つ甲子園球場。その歴史は1924年にまで遡る。同年は暦などに用いられる「十干」、および「十二支」のそれぞれの最初である「甲《きのえ》」と「子《ね》」が重なる年だったことから、球場の建てられた付近一帯は「甲子園」と名づけられた。そして、これに伴い野球場の名前も「甲子園球場」とされたのである。

球場設立の当初の目的は、全国中等学校優勝野球大会の開催であった。この当時、まだ国内では職業野球(プロ野球)はスタートしていなかったのである。中等学校の試合はそれまで付近の鳴尾球場で行われていたが、野球人気が盛り

接収解除は1954年と遅かった甲子園球場。写真は進駐軍が見守るなか行われた1949年の阪神×巨人戦(1949年6月12日 写真提供/読売新聞社)

上がりをみせると収容人員が足りなくなり、新しく大規模な野球場の建設が要請された。こうして、鳴尾村(現・西宮市)内にあった河川・申川《さるかわ》の跡地に「甲子園大運動場」が建設されることになった。1924年3月、大林組の手により起工式から約5ヵ月の時間をかけて同年8月に開場。こけらおとしは阪神電鉄沿線の小学校児童による大運動会だったという。

建設当初は野球場としてよりも、多目的な総合運動場としての利用を目論んでおり、両翼110m、中堅120mにもかかわらず左中間・右中間が128mといういびつな形であった。1934年の日米野球の際には、ベーブ・ルースが「Too large!」と驚愕の声を上げたというエピソードが残さ

上：熱い声援を送る虎党で埋まった甲子園球場のスタンド（1985年6月4日 写真提供／読売新聞社）
下：かつて野球場にはヤジを飛ばす、物をグラウンドに投げ込むなどする「騒ぎ屋」と呼ばれる人たちがいた（1974年5月30日 写真提供／読売新聞社）

上：1956年の日米野球はブルックリン・ドジャースを招いた。結果はドジャースの14勝4敗、日本は完敗だった（1956年11月3日 写真提供／読売新聞社）
下：第30回選抜高校野球では、開会式で出場校選手たちの人文字が作られた。野球のボールに「30」、その下に「センバツ」（1958年4月10日 写真提供／読売新聞社

れているように非常にホームランの出にくい野球場であった。

またスタンドは公称5万人収容。内野こそ鉄筋コンクリートだったが、外野席は土盛りの上に木製のスタンドが設けられた簡素なものだった。なお、内野席全体には鉄傘《てつさん》といわれる鉄製の屋根が設けられた。これが後に銀傘《ぎんさん》となり（アルミ合金製となり名称変更）、甲子園を象徴するものの1つとなる。

なお、甲子園スタンドのもう1つのシンボル、アルプススタンドは1929年に増設されている。「アルプス」の名は漫画家・岡本一平氏が『朝日新聞』に掲載した言葉「そのスタンドはまた素敵に高く見える、アルプススタンドだ、上の方には萬年雪がありさうだ。」（原文ママ）からつけられた愛称である。

1935年、阪神電鉄の大

1985年、阪神タイガース21年ぶりの優勝。吉田義男監督を先頭に甲子園球場を1周するタイガースの選手ら（1985年10月22日 写真提供／朝日新聞社）

阪タイガース（現・阪神タイガース）が誕生。翌1936年に職業野球が発足して、甲子園球場はタイガースの本拠地となった。もっとも、当時はまだフランチャイズ制が発達しておらず、在阪の各球団が甲子園球場を利用した。

戦時中、金属類が供出されることとなり、甲子園球場の鉄傘もその対象となる。なお、この頃甲子園のグラウンドは芋畑になっていたという。

## 戦前の「鉄傘」が「銀傘」となって復活を遂げる

終戦後は鉄傘のないまま、甲子園球場は中等学校野球選手権大会の試合などに使用される。「甲子園の土を持ち帰る」のは1948年、大会3連覇を懸けた小倉中学・福島一雄投手が倉敷工業に敗れたときから始まった習慣であった。

「ホームランが出にくい甲子園」を改善するため、1947年からラッキーゾーンを設置。試合で2ホーマーを浴びるなど、福島投手が敗れたのもこのラッキーゾーンによるところが大きかった。

1951年7月には鉄傘が銀傘として復活し、1956年には阪神×巨人の初ナイター試合が行われる。この頃、現在の甲子園球場に近い姿へ少しずつ生まれ変わっていった。1964年にそれまでの「甲子園球場」から「阪神甲子園球場」と名前を変える。

1984年に老朽化の進んだ銀傘を葺《ふ》き替え、バックネットをステンレス製にした。この頃になると、使用球の変化などから甲子園は必ずしもホームランの少ない野球場ではなくなっ

内野席に架かる「銀傘」が甲子園球場の象徴（1991年8月26日 写真提供／松岡宏）

ており、1991年にラッキーゾーンは撤去された。なお、ラッキーゾーン撤去とともに、長年私用されてきたブルペンカーの使用はストップしたが、現在は復活している。

暫時《さんじ》の改修工事により施設を保持してきた甲子園球場だったが、1995年の阪神・淡路大震災による被害や老朽化により、大幅な改修が必要となった。また、この頃には甲子園のドーム化案なども検討されていたが、この計画は実行には至らなかった。

2008年から大幅な改修工事が開始され、2010年まで3年をかけて現在は新しい甲子園球場へと生まれ変わっている。なお、2010年3月14日より球場内に甲子園歴史館が開館し、貴重な資料が展示されている。

# 江夏ノーヒット・ノーラン

## 延長戦では史上初めて

## 自らサヨナラ本塁打

セ・リーグ 30日

阪神1−0中日 20回戦

スポット 江夏投手

**阪神 1−0 中日** 20回戦

◇甲子園

（阪神9勝7敗4分）

| | | | | |
|---|---|---|---|---|
| 中日 | 000 | 000 | 000 | 00 |
| 阪神 | 000 | 000 | 000 | 01 |

（延長11回）

勝 江夏 18勝10敗

敗 松本 9勝8敗

本 江夏2号（松本）

▽試合時間2時間22分

◇観衆 約29,000

**セ・リーグ**（第21節 30日まで）

| | 試 | 勝 | 敗 | 分 | 率 | 差 |
|---|---|---|---|---|---|---|
| 阪神 | 97 | 47 | 44 | 6 | .516 | |
| 中日 | 94 | 46 | 44 | 4 | .511 | 0.5 |
| 巨人 | 99 | 49 | 47 | 3 | .510 | 0.5 |
| 広島 | 92 | 45 | 46 | 1 | .495 | 2.0 |
| 大洋 | 90 | 42 | 44 | 4 | .488 | 2.5 |
| ヤクルト | 98 | 46 | 50 | 2 | .479 | 3.5 |

きのうの成績

▽セ・リーグ

阪神 1−0 中日

巨人 3−0 広島

大洋 1−0 ヤクルト

▽パ・リーグ

阪急 5−4 太平洋

日拓 5−4 近鉄

南海 2−2 ロッテ

阪神−中日20回戦 11回裏阪神無死、江夏自ら越えサヨナラ本塁打を放ちバンザイをして三塁をまわる。三塁コーチ山田 （甲子園球場）

### 記録より勝つのに必死

［1973年8月31日付 朝日新聞より抜粋］

1973年8月30日 阪神×中日

## 江夏の独壇場となったシーズンを象徴する試合

1973年のセ・リーグ、ペナントレースは巨人・阪神・中日の3チームの間で最後までもつれ込んだ。各チームが0.5〜1ゲームで団子状態。1試合1試合の結果が後に大きく影響してくることは目に見えていた。

その中でのシーズン97試合目。阪神は中日と、巨人は広島との対戦だった。阪神はそれまで17勝を挙げていた江夏。そして中日は松本の先発だった。両投手一歩も譲らず、初回からスコアボードには0が続いた。この年の阪神最大のネックは貧打だった。江夏も好投しながら、それまで10敗もしているのは打線の援護がなかったところが大きかった。

辛抱強く無安打ピッチングを続ける江夏だったが、阪神打線は中日・松本を捉えられない。回は延長へと入った。11回の先頭打者は江夏。その初球だった。江夏のバッティングは悪くなく、松本も油断したわけではないだろうが、高めに入った球を江夏が振りぬくと、打球はライトのラッキーゾーンへ。江夏自ら試合を決めた。

試合後、江夏は「ノーヒットノーランよりも、とにかく勝ちたかった」とコメント。これで首位に立った阪神だったが、結局優勝は巨人にさらわれた。江夏は24勝で最多勝。孤軍奮闘のシーズンとなった。

なお、延長までノーヒットはこのときが初めて。分担制の現在の野球スタイルを考えれば、おそらく今後も江夏が作った記録が破られることはなさそうだ。

# 横浜スタジアム

*Yokohama Stadium*

## 狭い敷地を最大限有効利した
## ハマの多目的競技場

STADIUM DATA

**横浜スタジアム**

**所在地** ： 神奈川県横浜市
**開場** ： 1978年（昭和52年）4月
**収容定員** ： 30,000人
**左翼** ： 94.2m　**右翼** ： 94.2m　**中堅** ： 117.7m
**設計者** ： 創和設計

横浜公園内にあるため敷地が充分に確保できず、球場全体がすり鉢状になっている（撮影日不詳 写真提供／松岡宏）

## 敷地の問題から特殊なスタンド形状に

横浜スタジアムの大きな特徴の1つが「どんぶり型」。これはその立地と大いに関係している。

横浜スタジアムのある関内の横浜公園には永らく「横浜公園平和野球場」という前時代的な野球場があった。横浜市内の比較的中心地に近い関内に、老朽化の進んだ野球場があったのは、現在から考えると意外なことだが、その歴史は古い。明治維新の直後にクリケットの競技場を造ったのがその始まりとされている。

横浜公園平和野球場の詳細についてはp94を参照していただきたいが、この競技場が野球場として改装されたのは1929年のことだった。関東大震災の復興事業としてルー・

ゲーリックスタジアムが完成したのである。

戦後、1945年にゲーリック球場として進駐軍に接収されたのち、横浜市に返還されると、横浜公園平和野球場と名称を変更して以降はアマチュア野球のゲームが行われてきた。1970年代に入り、大洋ホエールズが川崎から横浜へ本拠地を移す意向を示すと、平和球場の跡地に新球場設立の案が持ち上がった。しかし、もともと敷地の狭かった平和野球場の跡地に広い新球場を建設することにはさまざまな無理が生じた。そして、敷地を極力合理的に使用するため、どんぶり型の野球場が誕生したのである。

敷地の問題はスタンドを急角度にする、客席間の密度を高くする、通路を狭くする、また外野スタンド下にブルペンを設けるなどにつながっている。

そのほか、ベンチ裏のダッグアウトからブルペンへとつながる通路がなく、リリーフ投手は歩いて投球練習に向かわなくてはならない構造である。それでも外野フェンスにはチームカラーのマリンブルーが使われ、照明は横浜の頭文字である「Y」を象《かたど》るなど、独自のこだわりが各所にみられる。

また、横浜球場の当初の設立目的が「多目的競技場」であったことから内野スタンドの最前列が可動式になっており、グラウンドが長方形に変化させることが出来るほか、マウンドが昇降式でコンサートでの使用などにも適した構造となっている。

## グラウンド拡張が出来ない理由は

野球場としての横浜スタジア

2003年からはサッカーの競技場などに使われるクッション製の高いロングパイル人工芝を導入している（撮影日不詳 写真提供／田原孝）

ムを見ると外野フェンスは5mと高さがあり、外野手にとっては処理の難しい球場である。ただし、両翼は94・2mで現在フランチャイズ球場としてはもっとも狭い球場となっており、ホームランが比較的出やすい球場といえる。

細かい改修を経て少しずつ変わってきている横浜スタジアムだが、建ぺい率の問題はどうしようもなく、グラウンド拡張は法律改正がない限りは不可能である。一時期、横浜ドーム建設の案なども持ち上がったが、同じ市内に横浜アリーナがあることで計画は立ち消えとなった。

表面上のスマートさとは裏腹に、歴史を持った横浜スタジアムだが、さらに老朽化が進んだのち、どのように生まれ変わってゆくのか、大いに注目されるところである。

上：スタンドの座席はバックネット裏がブルーのほかは、すべて鮮やかなオレンジ色（撮影日不詳 写真提供／田原孝）
下：人工芝の継ぎ目がきれいな横浜スタジアム。1977年3月に、平和野球場（p94）の跡地に造られた（撮影日不詳 写真提供／田原孝）

# すごいですネェ毎回得点

## 中日が史上4度目

### お疲れ4時間21分 リーグ実質タイ記録

◇横浜 13,000人
12回戦 中日6勝5敗1分
中日 121 128 151│22
大洋 214 000 000│7

セ・リーグ

【中日22—7大洋】（12回戦）中日打線がいいのか、大洋の投手陣がだらしがないのか、とにかく草野球まがいの大乱戦。今季両チームの対戦は五勝五敗一分けと互角だから、中日の毎回得点の22点は好調打線を割り引いても責任は崩壊の大洋投手陣に重い。

試合を決めたのは六回。中日は四人目の関根に田尾が右越え二塁打、平野の中前打で一、三塁。谷沢四球で満塁。ここで大島が三田代のグラブをかすめる左前タイムリー。ここで投手は左の広瀬に代わったが、宇野が今季チーム通算百本目の本塁打を左翼上段へ打ち込み、さらに中尾がこの試合三本目の本塁打を記録するなど、打者十二人で計八点。

大洋打線も三回までに七点を取り、序盤は優位に立っていた。だが、余りにも頼りない投手陣に四回以降は別人のように沈黙した。

中日は今季三度目の五連勝で首位広島に〇・五ゲーム差と迫った。

### 中日54塁打、両軍40安打 リーグ新

中日が豪快に打ち勝った対大洋十二回戦は、塁打、総塁打数が新記録。中日が毎回安打で毎回得点したが、毎回得点はプロ野球史上四度目の快挙。二十七年に南海（対東急）、四十五年に阪神（対ヤクルト）、五十年阪急（対南海）がそれぞれやってのけて以来。また中日の54塁打はセ新。両チーム合わせて40安打もセ新。従来の記録は二十五年中日—阪神戦の39本。パの記録は三十八年南海—近鉄の41本。中日の22得点、25安打はともに同リーグ今季最多。

試合時間四時間二十一分は延長なしの九回終了試合ではセ・リーグ二位タイ。ただ、一位の四時間四十五分（五十三年、ヤクルト—大洋）は四十九分間の中断時間を含んでいるので、今回が五十二年の大洋—巨人戦と並んで実質最長記録となる。大洋は長時間試合の常連だ。

八番打者が三連続本塁打　中日の中尾が三打数連続本塁打と大当たり。二回の第一打席で門田の外角高めをライナーで右へ。二打席目は敬遠されたが、三打席目は関根から真ん中高めの直球をバックスクリーンへ。二本目まではいずれも同点本塁打。続く四打席目は左の広瀬にまた中越えに本塁打。「[illegible]に振ってボールに当たった感じの一本目で、タイミングがつかめた。二本目は詰まり気味だったが、ストレート狙いで一、二、三のリズムでバッチリ。三本目は同じ高めだったが、もう自分でも何が何だかわかりません」と照れ笑い。ナインは口々に「ベンチ前に並ぶのが疲れるよ、どうなってんだ」＝横浜

意地で打った一発　中日に毎回得点試合を達成させたのは八回からマスクをかぶった金山。九回打席に入る前に山内監督から「打てんだろう」と言われ発奮、意地で打った一発だった。「打ったのは真ん中真っすぐ。プロ野球史上四度目の記録とは知らなかった」と感激も新た。プロ生活十五年で本塁打はこれでわずか十八本の男が、一躍ヒーローになった。＝横浜

大洋—中日12回戦　9回表、中日無死、金山が左越えの本塁打を放ち毎回得点となる　＝横浜

［1984年6月30日付 朝日新聞より抜粋］

1984年6月29日 大洋×中日

## 大洋ベンチが招いた中日の大量得点

外野フェンスこそ高いが、敷地の狭い横浜スタジアムはホームランが出やすい。象徴的なゲームとなったのが、1984年6月30日の大洋×中日の試合だった。このゲームでは、両軍併せ9本のホームランが飛び出した。

3回まででで4-7と早くも乱打戦の様相を呈したが、この時点で優勢なのは大洋のほうだった。しかし、中日が4回・5回で大洋・関根を攻め同点とすると、圧巻は6回だった。田尾、平野の連打と谷沢の四球で満塁とし、大島のタイムリーで逆転。さらに宇野の満塁弾、中尾にもホームランが飛び出して一挙8点のビッグイニングを作り出した。7回に1点、8回に5点を奪うと、毎回得点がかかった9回、3本のホームランを打っていた中尾から、守備で交代していたキャッチャー金山の打順に。

ここまでシーズンホームランわずか2本の打者がレフトへ一発を打ち込んで、1試合毎回得点を成立させた。

中日は54塁打でセ・リーグ新記録。25安打22得点と効率の良い攻めだった。一方の大洋は、序盤にリードしながらも、4回以降は0行進。中日が次々とホームランを打ち上げるのと対照的に、ランナーは出しながらも還せずというチグハグな攻めで11残塁だった。また、先発門田は2回4失点で降板したが、2番手増本、3番手久保はいずれも自責点0。4番手の関根と5番手の広瀬だけで自責点17と大乱調。ベンチの動きにも疑問が残る試合だった。

# 旭川市花咲スポーツ公園硬式野球場（スタルヒン球場）

*Asahikawa Starffin Stadium*

## 大投手を記念した道北球児の登竜門

## 旭川市営野球場を引き継ぐ形で誕生

「スタルヒン球場」の通称で知られる旭川市花咲スポーツ公園硬式野球場は、1932年に開場した旭川市営野球場がそのルーツである。

1976年から公園施設を旧旭川競馬場の跡地に移転、この際に野球場も建て替えられることとなった。

球場建設中の1982年9月、当時の旭川市長・坂東徹により正式名を「スタルヒン球場」とされる。これは旭川で育った大投手、ヴィクトル・スタルヒンを讃えたものであった。なお、球場名に人名を用いたのはこれが初めてであった。以降、さまざまな変わった球場名が登場するが、これがその走りである(「倉敷マスカットスタジアム」、「坊ちゃんスタジアム」など)。

1991年に近文公園の整備事業が完了し、正式名称が「旭川市花咲スポーツ公園硬式野球場」となるが、市民からは依然、スタルヒン球場の名で親しまれている。

プロ野球の公式戦は、1984年〜1986年に日本ハムが主催試合を行ったのを皮切りに、読売ジャイアンツなども試合を行っている。

また、2004年に日本ハムが北海道へ本拠地を移すと、スタルヒン球場も準本拠地の扱いとなり、毎年1〜2試合程度の公式戦が組まれるようになった。球場正面では、市営球場時代に建立されたスタルヒンの銅像が訪れる野球ファンを迎えている。

**右頁上**：ヴィクトル・スタルヒンは通算303勝。うち83勝が完封勝利でこれ(完封勝利数)はいまだ破られていない記録である(2010年6月30日 写真提供/旭川市公園緑地協会)

**右頁下**：1塁側からグラウンドを臨む。収容人数は公称2万5千人(2000年7月29日 写真提供/松岡宏)

**上**：スコアボードは永らく手書きのものが使われていたが、現在は磁気反転式へが導入されている(1995年8月6日 写真提供/松岡宏)

**下**：球場スタンド内には「旭川市公園緑地協会」、「友愛の店いぶき」、「旭川市母子会」の3つの売店が並ぶ(2000年7月29日 写真提供/松岡宏)

**STADIUM DATA**

**スタルヒン球場(旭川市花咲スポーツ公園硬式野球場)**

**所在地**：北海道旭川市
**開場**：1932年(昭和7年)
**収容定員**：25,000人
**左翼**：95m　**右翼**：95m　**中堅**：120m
**設計者**：不詳

# ナゴヤ球場

*Nagoya Stadium*

火災事故から甦り
さまざまなドラマを生んだ——

## 建設期間わずか2ヵ月で誕生した「名古屋軍」の本拠地

現在の中日ドラゴンズは1936年に「名古屋軍」としてスタートした。その当時は、専用のホームグラウンドはなく、地元の鳴海球場のほか、後楽園球場や甲子園球場で試合を行っていた。

終戦後、名古屋市中川区の軍需工場跡地にようやく本拠地球場を建設、これがのちにナゴヤ球場となる中日球場であった。わずか2ヵ月ほどで完成させた球場は角材を組んだ簡易なスタンドで、煙草の火などにより頻繁にボヤ騒ぎが起きたという。

それでも、開場初日となった1948年12月2日には、プロ野球東西対抗オールスター戦が行われ、大阪タイガースの藤村富美男のホームランが飛び出すなどして、盛り上がりを見せた。

ところが1951年8月19日の中日×巨人戦で、思わぬ大惨事が起こる。3回裏、中日の攻撃中のことであった。ネット裏の指定席から炎が上がり、これが強風により球場全体に広がる。これにより初代の中日球場は消失した。死者4名、重軽傷者318名という痛ましい火災事故であった。

この事故から、3ヵ月後の1952年4月5日、ナゴヤ球場と名を変えて生まれ変わった新球場は鉄筋コンクリート製のスタンド、収容人員は3万人を誇る立派なスタジアムとなった。その翌年には照明設備も設置されている。

STADIUM DATA

**ナゴヤ球場**

**所在地**：愛知県名古屋市
**開場**：1948年（昭和23年）12月
**収容定員**：35,000人（改修前）
**左翼**：91.4m　**右翼**：91.4m　**中堅**：118.9m
**設計者**：不詳

1975年に「中日球場」から「ナゴヤ球場」へ。このときスコアボードに「トライビジョン」が設置された（1993年8月21日 写真提供／松岡宏）

１９７７年には風向きと風速を表示する「ファイティングタワー」が登場、また１９８０年にはスピード表示板が設置されて投手王国・中日はより一層その色合いを濃くしてゆくこととなる。

さらに１９７８年には20億円をかけて大規模な改修工事を行い、内野スタンドに２階席が増設された。

しかし、１９９０年代に入ると老朽化は否めず、新たにドーム球場の建設が検討される。その結果、１９９６年の中日×巨人戦を最後に、ナゴヤ球場は２軍専用球場となっている。

その後はスタンドの解体など、以前の面影は失われつつあるようだ。しかし、往時を知るドラゴンズファンからは「聖地」と呼ばれることもあり、依然人気のあるスタジアムである。

上：1997年にナゴヤドームが完成。以降は中日ドラゴンズ2軍のホームグラウンドとして使用されている（1993年8月21日 写真提供／松岡宏）

中：最終戦でリーグ優勝が決まった1994年。開場とともに両軍のファンが一気に場内へなだれ込んだ（1994年10月8日 写真提供／朝日新聞社）

下：球場の外壁に描かれた「改修前」の球場案内図（右）と「改修後」の案内図（左）（1999年6月13日 写真提供／松岡宏）

右：かつてJR東海ではナイター開催時に、名古屋駅からナゴヤ球場正門前駅（現在は廃駅）まで臨時列車を運行していた。その跡地に残されたイラスト。このバッティングフォームは落合博満だろうか（1999年6月13日 写真提供／松岡宏）

最終戦 執念のV取り

覚悟の〝大逃げ〟粘りきる
場面選んでわき役起用

巨人 優勝への軌跡

巨人の優勝振り返って

いいたい放談

レベルの低さが熱セ招く

欲出た中日 人事バタバタ

低迷ヤクルト けが響く

桑田、涙の胴上げ投手

さあ日本シリーズ

並の相手じゃない

竜に乗り天に昇る

耐えて巨人 祝砲4発

長嶋監督、17年ぶり舞う

落合15号 村田真10号 コトー18号 松井20号

奇跡ならず竜下る

墓穴掘ったボーンヘッド

［1994年10月9日付 朝日新聞より抜粋］

1994年10月8日 中日×巨人

## 「普段通り」できなかった中日

4月11日の開幕から首位を走り続けた巨人に対し、一時期10.5ゲームもの差をつけられ、そこから盛り返して同率に持ち込んだ中日。リーグ優勝は最終戦の結果で決まることとなった。最終戦での優勝争いは21年ぶりだが、同率での対戦となると史上初のことだった。ナゴヤ球場は試合前から異様な盛り上がりをみせた。ファン、報道陣、警備員が一斉に詰めかけ、選手は人をかき分けるようにして球場入りしたという。巨人の監督・長嶋はこの日の試合を「国民的行事」と呼んだというが、90年代でプロ野球がもっとも注目された1日だったといっても大げさにはなるまい。

中日・高木監督はシーズン終了後の引退を決めており、同チームの選手らにとっては、花道を飾るためにも絶対負けられないゲームであった。中日の先発はそれまで13勝を挙げていたエース・今中。巨人に対しては5勝2敗、また本拠地ナゴヤでゲームに至っては11連勝中とお得意にしていた。対する巨人は槙原の先発で、継投が予想されていた。

追う側という立場からも、また地元ナゴヤということからも中日有利の声が高かったが、いざゲームが始まってみると、終始先手を取ったのは巨人だった。2回落合のホームランで先制。その裏中日は4連打などで追いつくが、3回、4回と効果的に追加点を奪うと5回には松井秀にホームランが出て、試合を決めた。

中日は、3回以降、桑田・斎藤の継投に交わされ、また自らの拙攻で相手を助けるなど、終始堅さが抜けなかった。結局、4本のホームランで巨人が中日を降して日本シリーズへと駒を進めた。

なお、試合前にシーズン終了後の引退を発表していた中日の高木監督はオーナーの要請を受けて、次期の監督続投を承認した。しかし、翌1995年の中日は開幕から低迷、高木監督はシーズン半ばの6月2日に辞任を表明した。

# 札幌市円山球場

*Sapporo Maruyama Baseball Stadium*

## 北のジャイアンツファンが集う「メークドラマ」の舞台

STADIUM DATA

**札幌市円山球場**

所在地 ： 北海道札幌市
開場 ： 1935年（昭和10年）7月
収容定員 ： 25,000人
左翼 ： 98m　右翼 ： 98m　中堅 ： 117m
設計者 ： 不詳

札幌市円山球場のルーツは1934年に開場した札幌神社外苑球場。翌1935年に札幌市に移管し札幌市円山球場となった（2000年7月30日 写真提供／松岡宏）

## 戦前から巨人軍が試合開催を行っていた

札幌市円山球場は1934年、道内2番目の野球場（1番目は1980年に閉鎖された札幌市中島球場）として市内西部に開設された。開設当初は札幌神社（現・北海道神宮）のそばにあったことから「札幌神社外苑球場」とつけられた。

1935年からは札幌市に移管、このときに現在の札幌市円山球場という名前がつけられた。この年、巨人軍が早くも札幌市円山球場を訪れている。また、翌1936年には職業野球が発足し、セネタース×阪急の公式戦が行われている。

これ以降は年間数試合、プロ野球の公式戦が行われ「北の甲子園」、または「北の後楽園」の呼び名で、親しまれてきた。札幌市円山球場といえば、1996年7月、対広島から始まった巨人軍の「メークドラマ」（首位から11・5ゲーム差という位置から逆転優勝）が有

道内の野球場のうち、最も多くのプロ野球公式戦が行われてきた（2000年7月30日 写真提供／松岡宏）

巨人軍主催の試合が多く行われることから「北の後楽園」、高校野球選手権大会の決勝戦が行われることから「北の甲子園」と呼ばれることもある（2000年7月30日 写真提供／松岡宏）

収容人員は2万5千人だが、スタンド内にある売店はごくごく小さい（2000年7月30日 写真提供／松岡宏）

照明施設はないため、プロ野球公式戦もデーゲームのみ（2000年7月30日 写真提供／松岡宏）

**下右** ： 巨人戦の試合開催日には、小さな食堂に行列ができる（2000年7月30日 写真提供／松岡宏）

**下左** ： スポンジ座布団の売店も併設（2000年7月30日 写真提供／松岡宏）

TEAM 1 2 3 4 5 6 7 8 9 10 R H E
ロッテ 0 0 0 0 0 1 0 0 0 1 6 1
日ハム 3 0 1 2 2 0 0 0 x 8 9 0

名だが、それ以前に不名誉な記憶も残している。

　1978年、同じく対広島戦で1イニング10四球、8失点という記録である。このときも監督は長嶋茂雄で、投手陣のあまりの乱調ぶりに「野手で投げられるやつはいないのか?」と激高したというエピソードが残されている。

　札幌ドーム建設までは読売ジャイアンツ主催で公式戦が毎年のように行われたが、ドーム建設と同時にプロ野球公式戦の試合数はほとんどなくなってしまった。例外として日本ハムが2005年、2007年、2009年と交流戦を行っている。

　なお、札幌円山球場にはナイター設備がない。これは球場のそばに建つ札幌市円山動物園の動物たちに配慮したものであるという。

　そのため、ジャイアンツ時代から公式戦・オープン戦を含めすべての試合がデーゲームで行われている。

**右頁上**：かつては手書きのパネル式スコアボードだったが、1995年から磁気反転式となった（2000年7月30日 写真提供／松岡宏）
**右頁下**：札幌ドーム建設で最後の「プロ野球公式戦開催日」となった2000年7月30日には、道内の私設応援団が札幌市円山球場に集まった（2000年7月30日 写真提供／松岡宏）
**上**：プロ野球公式戦最終日、スタンドに掲げられた「ありがとう円山球場」の横断幕（2000年7月30日 写真提供／松岡宏）
**下**：外野スタンドには3本のアカマツが生えているが、そのルーツは分かっていないという（2000年7月30日 写真提供／松岡宏）

# 宮城球場（クリネックススタジアム宮城）

*Kleenex Stadium Miyagi*

開場から半世紀
東北の地方球場から
新球場に再生

STADIUM DATA

**宮城球場（クリネックススタジアム宮城）**

**所在地** ： 宮城県仙台市
**開場** ： 1950年（昭和25年）5月
**収容定員** ： 23,026人
**左翼** ： 101.5m　**右翼** ： 101.5m　**中堅** ： 122m
**設計者** ： 鹿島建設

改修前の宮城球場。2006年3月に改修工事が完了、オーロラビジョンの新設や両翼の拡張（91.4m→101.5m）が図られた（撮影日不詳 写真提供／田原孝）

1934年、日米野球が開催された宮城球場。当日の観客は2万人以上にも上ったという（写真提供／仙臺文化編集室）

## 開場初日から宮城の野球ファンであふれ返り！！

現在のクリネックススタジアム宮城は、１９５０年開場の戦後組である。開場初日、毎日×南海、毎日×大映のダブルヘッダーが行われたのだが、この試合開始前に入場客がフェンスを越えようとよじ登り、柵が壊れて死者３人、負傷者26人の大事故が起きている。開場当初の地元ファンの野球熱が仇《あだ》となってしまった。

その後も、プロ野球の公式戦は定期的に行われていたが、各球団の本拠地から遠いこと、照明設備がなくナイターを開催することができないことなどから、試合数は多くはなかった。それでも、デーゲームの公式戦が行われると地元のファンが自転車で詰めかけ、球場前は大都市の駅の駐輪場のような状態になったという。

宮城球場に照明施設が設置されたのは１９７３年。このときに、得点表示のみ電光掲示のスコアボードへと改修されている。

同年、ロッテオリオンズが本拠地として使用していた東京スタジアムが閉鎖となり、同球団が宮城へと移ってきた。公称は準本拠地であったが、年間30試合程度を行い、実際にはホームグラウンドと変わらない扱いであった。

翌１９７４年にはパ・リーグのプレーオフが行われ、阪急を破って優勝。宮城球場でリーグ優勝の胴上げが行われた。

しかし、施設の老朽化などから、ロッテが正式に本拠地として登録することはなく、１９７７年に大洋の本拠地が横浜へ移るとロッテは川崎へと

上：日米野球、米チームのダッグアウト。ベーブ・ルースの姿も見られる（左から4人目）（1934年 写真提供／仙臺文化編集室）
下：開場当時の宮城球場。入場口付近には自動車、木炭バスのほか、自転車で来場するファンの姿も（1950年 写真提供／風の時編集部）

Reconstructed SENDAI The Prefectural Basedall Stadium.
〔復興の仙台〕東北スポーツ界に誇る宮城球場の玄關
縣營
宮城球場

上：改修前、外野は全面芝生。スコアボードは選手オーダーが手書きでスコア表示は電球式だった（撮影日不詳 写真提供／田原孝）

下：収容人員2万3千26人だが、前列客席とグラウンドの距離の近さが大きなアピールポイントになっている（撮影日不詳 写真提供／田原孝）

移った。施設改修の話が持ち上がらないわけではなかったが、市の財政難などがたたり実現できなかった。

２００４年に東北楽天ゴールデンイーグルスが誕生すると、ようやく宮城球場は改修される。12月より改修工事が段階的に進められ、予定どおり２００６年３月に工事は終了。なお、この間の２００５年に宮城球場からフルキャストスタジアム宮城へと球場名が改称されている。２００７年にはオールスターゲームも行われたが、あいにくこのときは降雨コールドとなった（11-5でセ・リーグの勝利）。

２００８年２月からは楽天球団と日本製紙が契約。球場名は「クリネックススタジアム宮城」となっている（略称は「Kスタ宮城」）。

・リーグ成績（第10日・31日まで）

| | | 勝 | 敗 | 分 | 率 | 差 | 得 | 失 | 本 | 打率 |
|---|---|---|---|---|---|---|---|---|---|---|
| 阪急 | 45 | 27 | 11 | 7 | .711 | | 254 | 167 | 65 | .290 |
| 近鉄 | 48 | 26 | 16 | 6 | .619 | 3 | 195 | 176 | 28 | .273 |
| クラウン | 45 | 19 | 20 | 6 | .487 | 8.5 | 200 | 205 | 45 | .278 |
| 日本ハム | 49 | 19 | 23 | 7 | .452 | 10 | 223 | 224 | 49 | .264 |
| ロッテ | 43 | 14 | 21 | 8 | .400 | 11.5 | 143 | 181 | 29 | .255 |
| 南海 | 48 | 14 | 28 | 6 | .333 | 15 | 168 | 230 | 35 | .251 |

打撃内訳

| | |
|---|---|
| 内野ゴロ | 18 |
| 内野飛球 | 2 |
| 内野ライナー | 2 |
| 外野飛球 | 2 |
| 三振 | 3 |

◇仙台　4,000人
8回戦　急4勝1敗3分
阪急　000 013 100　5
ロッテ　000 000 000　0
勝　今井雄　8勝3敗
敗　村田　12勝12敗
本　ウイリアムス17号（村田）

投手　回　打安振球責
今井雄　9　27 0 3 0 0

村田　6　27 7 6 3 4
小川　3　10 2 2 0 1

2時間12分

阪急の今井雄太郎投手は三十一日、仙台・宮城球場で行われた対ロッテ八回戦で、完全試合を達成した。四十八年十月十日、ロッテの八木沢投手が太平洋（現クラウン）とのダブルヘッダーの第一試合（仙台）で記録して以来、五年ぶりで、プロ野球史上十四人目、パ・リーグでは今井投手が七人目だが、阪急投手では球団史上初めての快挙である。今井投手は後期に入ってから好調で、この試合まで六勝一敗・四連勝していたが、この日もシュート、カーブがさえ、ロッテ打線をまったく寄せつけず投球数一〇〇で大記録を完成した。

# 今井雄が完全試合

## 5年ぶり14人目の快挙

## 100球でロッテ打線手玉

スポット

## やっと開花 敗戦処理男

やった！　阪急－ロッテ8回戦　9回裏ロッテ2死から27人目の打者土肥を投ゴロにうちとって完全試合を成し遂げた阪急・今井投手＝宮城

3回ごろ「もしや」

すばらしい成長だ

なさけない話だ

パ・リーグ

＜完全試合達成投手＞

| | 年月日 | 相手 | 球場 |
|---|---|---|---|
| 藤本英雄（巨人） | 25.6.28 | 西日本 | 青森 |
| 武智文雄（近鉄） | 30.6.19 | 大映 | 大阪 |
| 宮地惟友（国鉄） | 31.9.19 | 広島 | 金沢 |
| 金田正一（国鉄） | 32.8.21 | 中日 | 中日 |
| 西村貞朗（西鉄） | 33.7.19 | 東映 | 駒沢 |
| 島田源太郎（大洋） | 35.8.11 | 阪神 | 川崎 |
| 森滝義巳（国鉄） | 36.6.20 | 中日 | 後楽園 |
| 佐々木吉郎（大洋） | 41.5.1 | 広島 | 広島 |
| 田中勉（西鉄） | 41.5.12 | 南海 | 大阪 |
| 外木場義郎（広島） | 43.9.14 | 大洋 | 広島 |
| 佐々木宏一郎（近鉄） | 45.10.6 | 南海 | 大阪 |
| 高橋善正（東映） | 46.8.21 | 西鉄 | 後楽園 |
| 八木沢荘六（ロッテ） | 48.10.10 | 太平洋 | 仙台 |
| 今井雄太郎（阪急） | 53.8.31 | ロッテ | 仙台 |

［1978年9月1日付 朝日新聞より抜粋］

1978年8月31日 ロッテ×阪急

## 「ビール」で才能開花

阪急ブレーブスの今井雄太郎は、入団からの7年間でわずか6勝。そんな投手が完全試合を成し遂げる——。まさに夢のような成長である。才能は高く評価されていたが、精神的な弱さがネックとなっていたのだった。しかし、投手コーチの梶本は何とか今井をひとり立ちさせたかった。そこで思いついたのが、当番前にビールを飲ませるという、とっぴなものだった。今井はチーム内でも酒好きで知られており、梶本がダメでもともとと（この登板でダメだったらもう投手としてはだめなのだから最後に酒を飲んでマウンドに送り出したという説もある）ビールを飲ませてみた。すると、人が変わったように好投を続ける。

以降数回にわたり、酒を飲んで登板、完全試合を達成する8月31日まで、それまでの通算勝ち星を上回る7勝を挙げていた。

完全試合を達成したこの日には、すっかり自分の投球に自信を持っていた今井。この日の登板前に酒は飲んでいないという。相手のロッテが5連敗と元気が無かったのもあるが、100球という少ない球数で打線を手玉に取り、無四球で完全試合を達成した。

このシーズンは結局13勝を挙げ、リーグ優勝の立役者となった。また1981、1984年には最多勝も獲得、阪急の主力投手として通産130勝を挙げた。なお、プロ野球では今井以降、平成に入るまで完全試合を達成する投手は現れず、「昭和最後の完全試合達成投手」となった。

# 西京極総合運動公園野球場（わかさスタジアム京都）

*Wakasa Stadium Kyoto*

在阪球団の準本拠地球場として
運用されてきた古老の球場

## 複数の球団が試合開催を行ってきた

西京極総合運動公園野球場（以下西京極球場）の開場は1932年8月と古い。両翼100m、中堅117mと開場当時としてはかなり大きな規模を誇った野球場で、1987年までラッキーゾーンが設置されていた。

ホームグラウンドとする球団こそなかったものの、阪急ブレーブスや松竹ロビンス（現・横浜ベイスターズ）、近鉄バファローズなどは準フランチャイズ球場としていた時期があり、特に阪急は1967年に20試合の主催試合を行っている。また、阪神タイガースにとって「死のロード」といわれる高校野球の選手権大会の時期には、阪神主催の試合も行われた。なおナイター設備は1965年に設置され、敷地内にはその竣工記念碑が建立されている。

その後、施設の老朽化などが影響してプロ野球公式戦の試合数は少なくなっていった。また、収容人員が2万人と少ないこともプロ野球の試合開催には不利であった。

なお、同じ総合運動公園内の「京都市民スポーツ館」には吉田義男（元阪神監督）が現役時代に使用していたユニフォームや、1971年の日米野球で使用されたボールなどの展示がある。

2009年12月からは約3ヵ月をかけて大規模な改修工事が行われ、2010年に入って読売ジャイアンツ主催の試合が行われている。

**上**：約80年もの歴史をもつ西京極（1994年8月 写真提供／松岡宏）
**下**：長年、高校野球選手権大会・京都府予選で使われてきた（撮影日不詳 写真提供／京都府立総合資料館）

**STADIUM DATA**

**西京極運動公園野球場（わかさスタジアム京都）**

**所在地**：京都府京都市
**開場**：1932年（昭和7年）
**収容定員**：20,000人
**左翼**：100m　**右翼**：100m　**中堅**：117m
**設計者**：不詳

# 明治神宮野球場

*Meiji Jingu Stadium*

## 古代ローマの闘技場を模した
## アマチュア野球のメッカ

## 総工費53万円かけ誕生した「アマチュア野球の聖地」

明治神宮野球場は、戦前からアマチュア野球の聖地とされてきた。開場は1926年10月。その前年に早慶戦が復活。六大学連盟が結成されている。たいへん人気を呼び開幕からしばらく、各大学のグラウンドでの試合開催だったが、観客が入りきらないこともしばしばで、専用のスタジアムの建設が早急に求められていた。

そこで、六大学関係者が集い、内務省（当時）に明治神宮外苑の野球場建設を申請。総工費53万円（うち5万円を六大学が寄付）をかけて明治神宮野球場が完成した。野球場開場式には摂政宮殿下（昭和天皇）がご台臨され、摂政杯が下賜された。1934年には読売新聞社によりメジャーリーグ選抜チームの招待試合が行われている。

スタートからたいへんな人気を誇った六大学野球だったが、戦時中は解散となる。終戦後は進駐軍に接収され、球場名は「ステートサイドパーク(state side park)」と呼ばれていた。1945年には早くも東京六大学OB紅白試合や、早慶戦、職業野球（プロ野球）の東西対抗戦などが行われている。ただし、球場の接収は1952年までと長く続いた。

戦時中、空襲により一部設備が倒壊したが、試合を行いながら1946年5月から1947年6月にかけて修復され、照明設備が設けられた。1953年からは報道席が設けられ、野球人気の後押しと

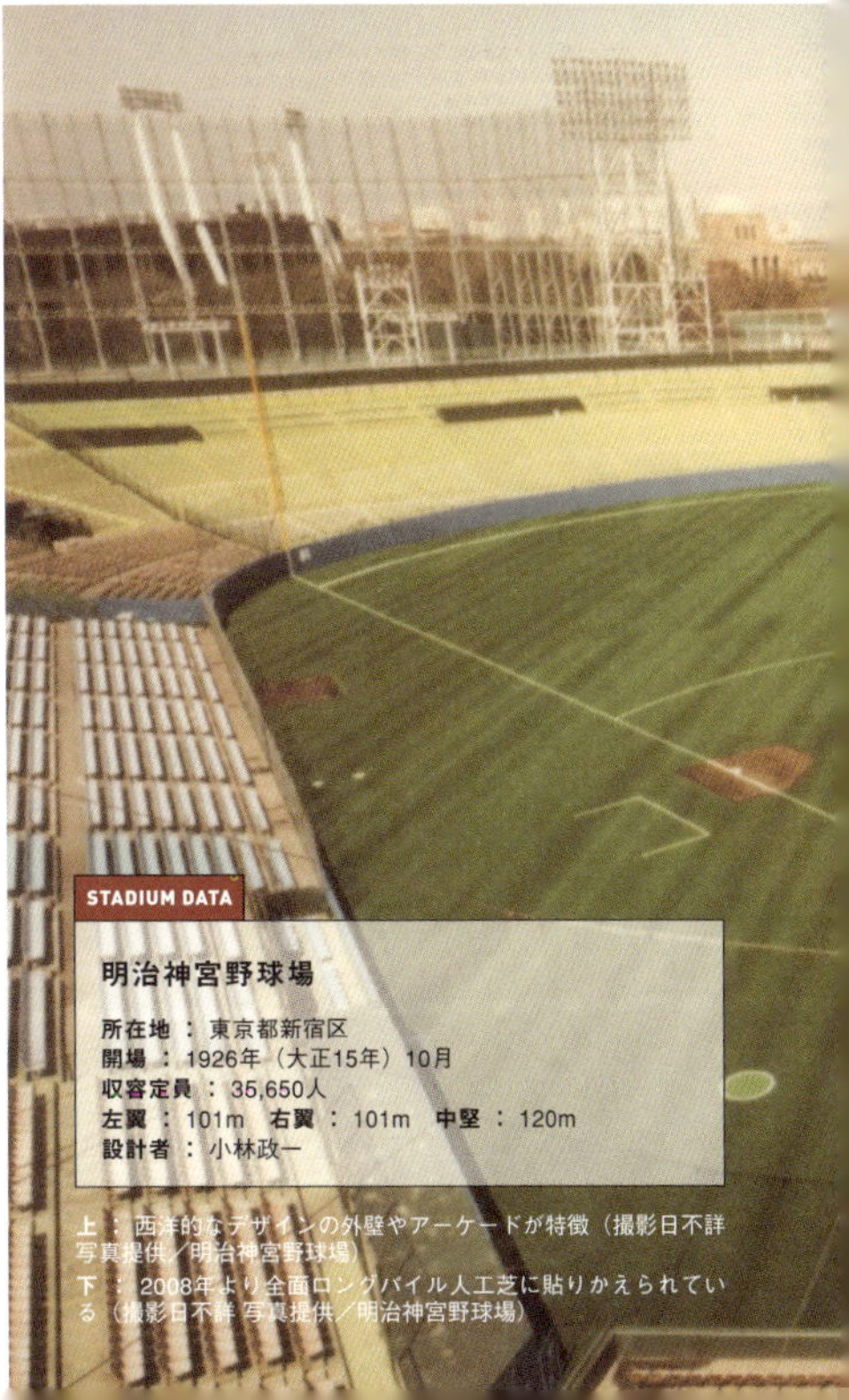

STADIUM DATA

**明治神宮野球場**

所在地 ： 東京都新宿区
開場 ： 1926年（大正15年）10月
収容定員 ： 35,650人
左翼 ： 101m　右翼 ： 101m　中堅 ： 120m
設計者 ： 小林政一

上 ： 西洋的なデザインの外壁やアーケードが特徴（撮影日不詳 写真提供／明治神宮野球場）
下 ： 2008年より全面ロングパイル人工芝に貼りかえられている（撮影日不詳 写真提供／明治神宮野球場）

**上** ： 第二球場では1967年、日本グレーハウンド犬協会の主催で国内初のドッグレースが行われた（1967年3月4日 写真提供／明治神宮野球場）

**下右** ： 明治神宮外苑敷地内、青山口西側にはかつて軟式専用球場の青山口球場があった（1956年11月廃止）（撮影日不詳 写真提供／明治神宮野球場）

**下左** ： 1952年までアメリカ軍が接収。「STATESIDE PARK」の名がつけられていた（撮影日不詳 写真提供／明治神宮野球場）

なった。１９６１年にはそれまであった野球場のとなり、相撲場があったあたりに神宮第二球場を建設。

また、アマチュア野球を中心に使用されてきた明治神宮野球場が、プロ野球のフランチャイズ球場になるのが１９６２年だった。それまで駒澤野球場を本拠地としていた東映フライヤーズが、東京オリンピックによる同球場の閉鎖で明治神宮野球場を使用するようになる。さらに、１９６４年には後楽園球場を使用していた国鉄スワローズが神宮へ。以降、ヤクルトとなった現在も本拠地球場として使用している。

永らくアマチュア野球に重点が置かれてきた明治神宮野球場だが、現在はアマ・プロの双方が協力して野球界を盛り上げていこうと気運が高まっており、今後が大いに期待される。

1992年10月27日 ヤクルト×西武(日本シリーズ最終戦)

## がっぷり四つに組んだ シリーズ史上稀に見る名勝負

7試合中4試合が延長戦という、稀にみる熱戦となった1992年の日本シリーズ。大方の予想は、投・打とも充実した西武だったが、初戦はヤクルトが延長12回杉浦のサヨナラ満塁ホームランで先手を取った。2戦目は郭-潮崎の継投で西武が完封勝利。3・4戦も西武が制すと、5・6戦をヤクルトが延長の末に西武を下し、五分の星で勝負は最終戦へともつれこんだ。

西武の最終戦先発はエース・石井。シーズン15勝3敗という好成績を残し、3戦目から中5日、満を持して登板した。一方、ヤクルトもエース岡林の先発。シリーズ4戦目で敗れたものの、秋山の1発のみに抑えた内容は安定感があった。

先手を取ったのはヤクルト。4回飯田の二塁打から、相手守備のミスを突いて先制した。7回、西武は投手石井が自らのタイムリーで同点。8回9回と0が続き、延長へと入る。そして10回表。西武の先頭打者の辻は2塁打、続く大塚が犠牲バントで1アウト3塁となった。打席には第4戦で岡林からホームランを打っている秋山。敬遠という手もあったが、ここは勝負した。結果はセンターへの犠牲フライ。

この1点を石井が守りきり、2-1で西武が日本シリーズを制して日本一に輝いた。ヤクルトは7回に1アウト満塁のチャンスを作るも活かせず。あと一歩のところで大魚を逃した形となった。なお、この両チームは翌年もリーグ優勝して顔を合わせ、やはり7戦までもつれ込んでヤクルトが制し、リベンジを果たした。

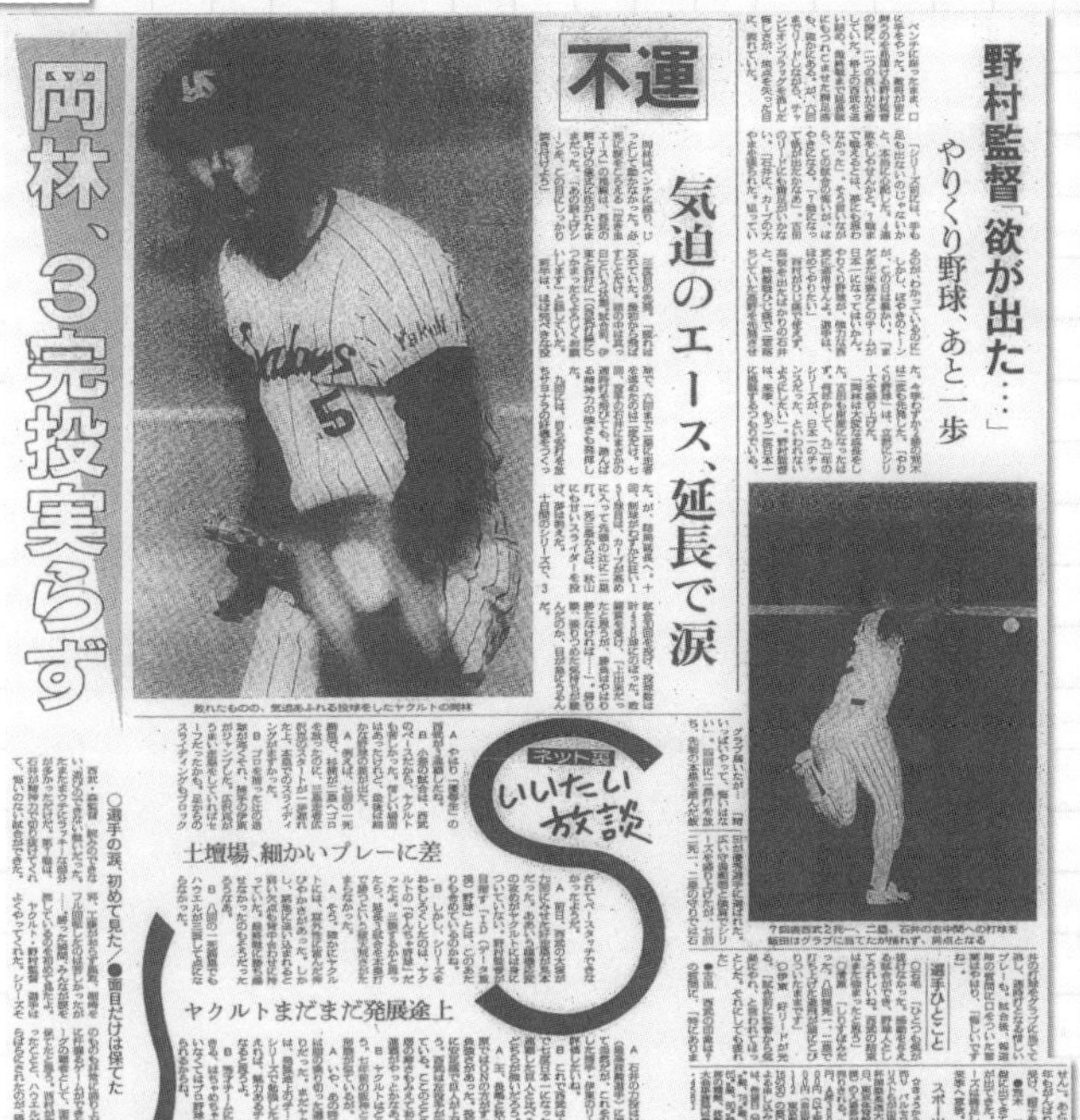
野村監督「欲が出た…」
やりくり野球、あと一歩

不運
気迫のエース、延長で涙

岡林、3完投実らず

ネット裏 いいたい放談

土壇場、細かいプレーに差

ヤクルトまだまだ発展途上

○選手の涙 初めて見た／●面目だけは保てた

'92日本シリーズ 最終戦

| | | | | | |
|---|---|---|---|---|---|
| 西武 | 000 | 000 | 100 | 1 | 2 |
| ヤクルト | 000 | 100 | 000 | 0 | 1 |

石井、粘投好打MVP

信頼と抜け目なさ西武V3

カツ
清原下げた森さい配
中軸の奮起呼び込む

空振り演出
決勝の犠飛

[1992年10月28日付 朝日新聞より抜粋]

# 北九州市民球場

*Kitakyushu Municipal Baseball Stadium*

## 多くの優勝決定シーンを見届けた老舗の球場

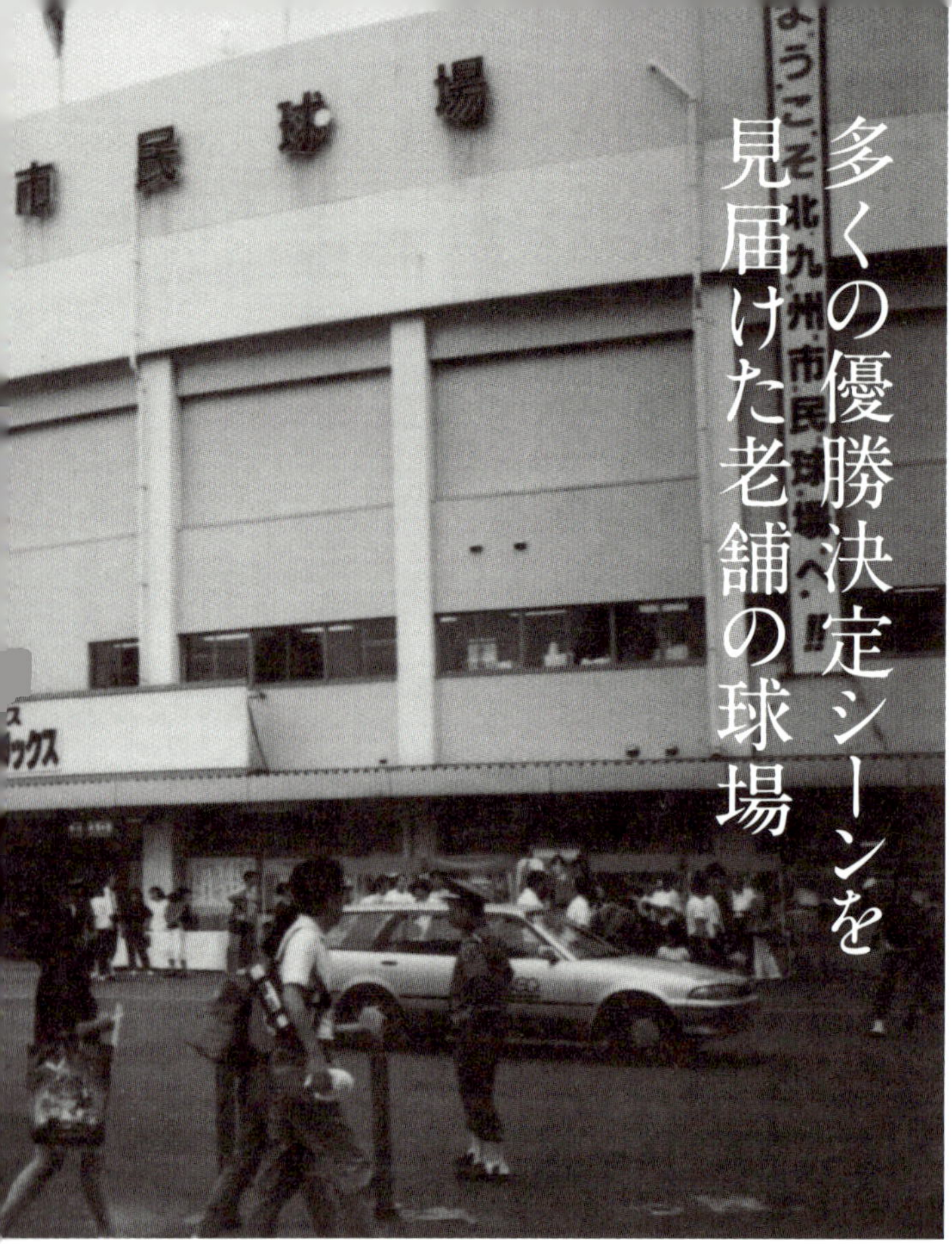

## 平和台と双璧をなす 北九州の名スタヂアム

　開場当時の球場名は小倉市営球場（通称小倉球場）だった。1963年に北九州市となる前、球場のあるあたり一帯は小倉市だったのである。北九州市となってからは球場も北九州市営小倉野球場と名前を変え、西鉄の準本拠地として年間20～30試合程度を行った。

　1978年に西鉄が球団を太平洋クラブに譲ると、プロ野球の試合開催は減ったが、10年後の1988年に福岡に本拠地を持つダイエーが誕生すると、同球団の準本拠地となった。西鉄時代から同じ県内の平和台球場と試合数を分けあう形でプロ野球と関わってきた。なお、現在の名称「北九州市民球場」となったのは、ダイエー球団誕生の翌年の1989年からである。

　1988年以降は年間数試合の公式戦が行われてきたが、ファンがグラウンドに立ち入るなどの事件が起き、2000年代に入ってから試合開催は激減した。

　それでも、2005年に北九州野球株式会社が球場管理を一任されると、ファームの試合を含めて少しずつ公式戦開催数は増えている。

　周辺はマンションなどが建ち並ぶ住宅街で敷地はやや狭く、スタンドの階段が急なところなどは大阪球場を思わせる。

　また、外野席はコンクリートの階段状となっており、地方球場らしい一面も持ち合わせている。

**上** ： 1988年ダイエーホークスの準本拠地となる前までは「北九州市営小倉野球場」だった（1992年9月8日 写真提供／松岡宏）

**下右** ： 球場初のホームランは西鉄の故・仰木彬（のち近鉄、オリックス監督）だった

**下左** ： 1998年に総工費1億円をつぎ込んで電光式の掲示板に改修された（1992年9月8日 写真提供／松岡宏）

**STADIUM DATA**

**北九州市民球場**

**所在地** ： 福岡県北九州市
**開場** ： 1958年（昭和33年）4月
**収容定員** ： 27,111人
**左翼** ： 92m　**右翼** ： 92m　**中堅** ： 121.9m
**設計者** ： 不詳

# 藤崎台県営野球場

*Kumamoto Fujisakidai Baseball Stadium*

## 巨大なクスの木が選手と野球ファンを見守る

## 地方球場ながら本格派の規模を持つ

熊本市にある藤崎八幡宮はかつて、熊本城の西側あった。その跡地に建てられたのが藤崎台県営野球場である。外野スタンドに立つクスの木は、藤崎八幡宮時代からのもので、同球場の名物となっている。

プロ野球公式戦の開催球場としては、現在はあまり使用されていないが、開場当時は国内では数少ない国際試合の開催規格を持つ広大なフィールドを有するスタジアムであった。両翼97・6m、中堅121・9mは地方球場の中でも上位にあげられるほど立派な規模である。また6基の照明設備が整っており、ナイトゲームの開催も可能だった。

一時期、ラッキーゾーンの設置も検討されたが、国際基準の球場を狭くすることに対して反対意見が多く、実現しなかった。

スコアボードは現在、得点部分のみ電光式で選手名がパネル式（手動式）となっているが、2011年にはすべて電光式のものに更新される予定となっている。

以前は巨人主催の公式戦が毎年のように行われてきたが、1988年、東京ドームが開場してからは、各地でドーム球場の建設が進み、それに伴って、巨人もドームでの試合開催を中心とする方針を固める。これにより、藤崎台の公式戦開催が減ってしまった。立派な規模を持つ野球場だけに、各球団の公式戦開催数が少ないというのは惜しいものである。

**上**：バックネット裏からグラウンドに向かうと、左中間のクスの木群の存在感が目立つ（1996年3月3日 写真提供／松岡宏）

**下右**：1996年にスタンドの全面改築を行い、バックネット後方に特徴的な形の傘が設置された（1996年3月3日 写真提供／松岡宏）

**下左**：同じ熊本市内の水前寺球場で。左から川上哲治、千葉茂、青田昇（1953年 写真提供／麦島勝）

**STADIUM DATA**

**藤崎台県営野球場**

**所在地**：熊本県熊本市
**開場**：1960年（昭和35年）
**収容定員**：24,000人
**左翼**：97.6m　**右翼**：97.6m　**中堅**：121.9m
**設計者**：不詳

## 【コラムⅤ】野球ゲームの元祖 もう1つのスタジアム

# 野球盤クロニクル

1971年頃の玩具店、野球盤の売り場にて。ONの活躍、巨人軍V9によるプロ野球ブームの波に乗り、野球盤の販売数も増加した

1970年代は最も多くのバリエーションが登場した時期だった

1958年、創業当時のエポック社社屋。東京の台東区で資本金100万円、従業員数わずか4人でスタートした

（写真提供：エポック社）

「野球盤」と呼ばれるゲームは、戦前から石版印刷で造られた紙製のものやパチンコを改造したようなものがあったが、エポック社が木製の野球盤を造って以降、各社で同様の規格のものが製造されるようになった。

エポック社の野球盤第１号は長嶋茂雄が読売に入団した１９５８年に登場した。盤面は家具職人、プレイヤーの人形はこけし職人に依頼して製造した。サラリーマンの初任給が１万２０００円の頃に１７５０円という高額で発売された。生産台数はわずか２０００台のみであった。

その翌年、１９５９年にはカーブとシュートの機能がついたＡ－２型が発売された。また廉価版（９５０円）のＣ型が登場。庶民にも手が出せる価格で、野球盤人気は少しずつ盛り上がりをみせる。また、この年、グリコのキャンペーンに景品として野球盤が使用されている。

１９６０年、初のＴＶＣＦを

『少年サンデー』の広告でしばしば登場した野球盤。長嶋や栃錦を使い（右下）、少年野球ファンの心をがっちり掴んだ

打つ。このコマーシャルには長嶋茂雄が登場した。また、『少年サンデー』など雑誌広告にも登場、いよいよ野球盤は世の中に普及してゆく。

１９６５年からは鉄腕アトムを皮切りにキャラクターものの野球盤が登場。『巨人の星』の人気で「消える魔球」の使えるB型が登場したのは１９７２年のことだった。過去の野球盤のうち、最も多くの販売台数を記録したのは１９７４年に売り出されたAM型であった。

その後、人工芝を備えたものやドーム型のゲーム、また携帯できる小型のものが売り出されてきたほか、現在エポック社ではオーダーメイドの野球盤の注文も受けている。

同社広報宣伝室の平野氏はプロ野球人気とともに、野球盤の売り上げも上下するという。スター選手の登場とともに、ふたたび野球盤人気が盛り上がる日が来ることを期待したい。

# 野球盤黎明期の名作たち

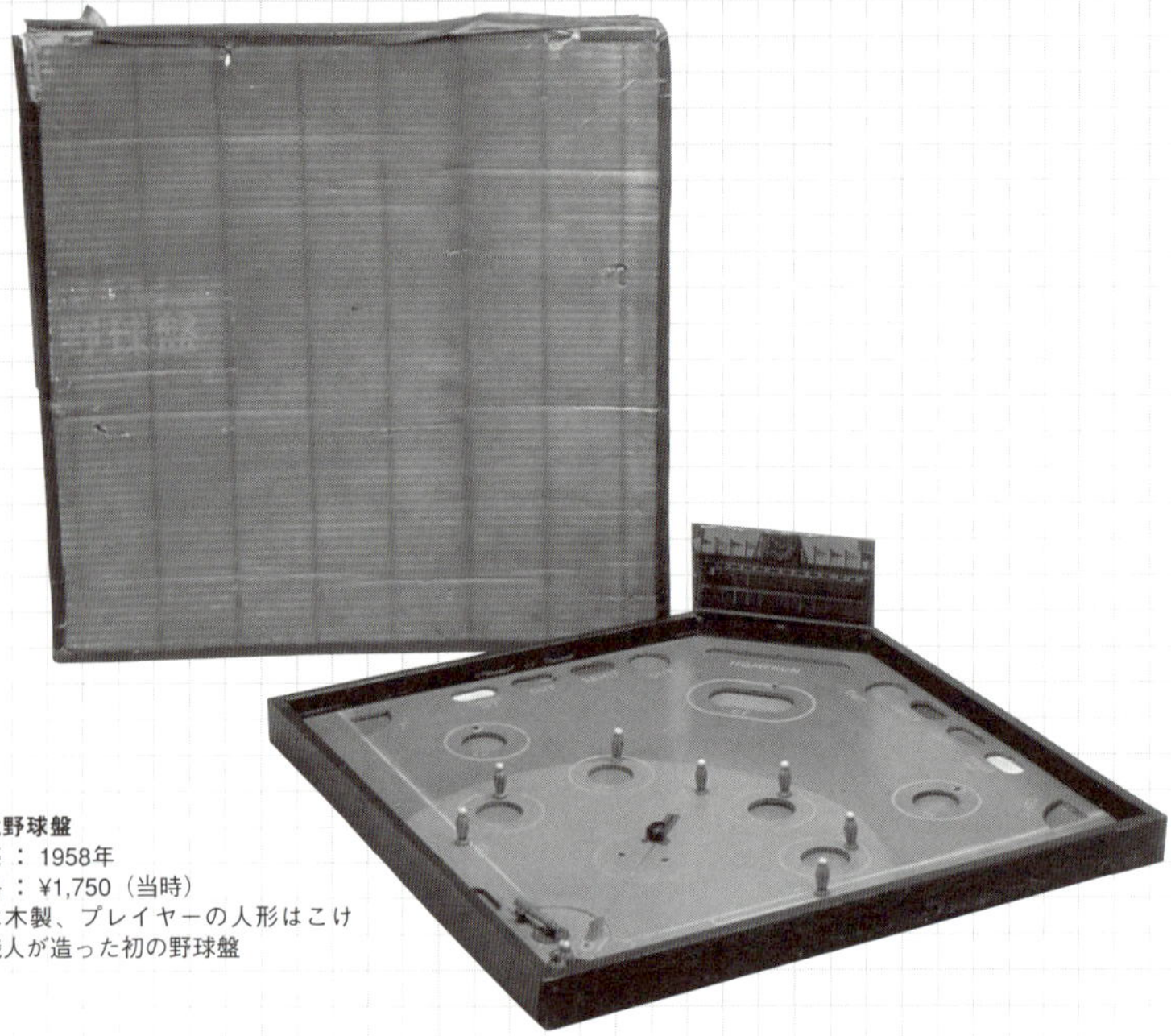


**初代野球盤**
発売 ： 1958年
価格 ： ¥1,750（当時）
盤は木製、プレイヤーの人形はこけし職人が造った初の野球盤

**オールスター野球盤BM型 魔球装置付き**
発売 ： 1973年
価格 ： ¥1,650（当時）
「消える魔球」を野球盤に搭載したのは1972年の「オールスター野球盤B型」から。これは同型でパッケージに長嶋茂雄の写真が使われたものである

**ポータブル型野球盤・トッポ・ジージョ**
発売 ： 1967年
価格 ： ¥450（当時）
キャラクター物の第1号は1965年の鉄腕アトムF型。写真のトッポジージョはポータブル野球盤として製造されたもので、ほかに「ディズニー野球盤」というのもあった

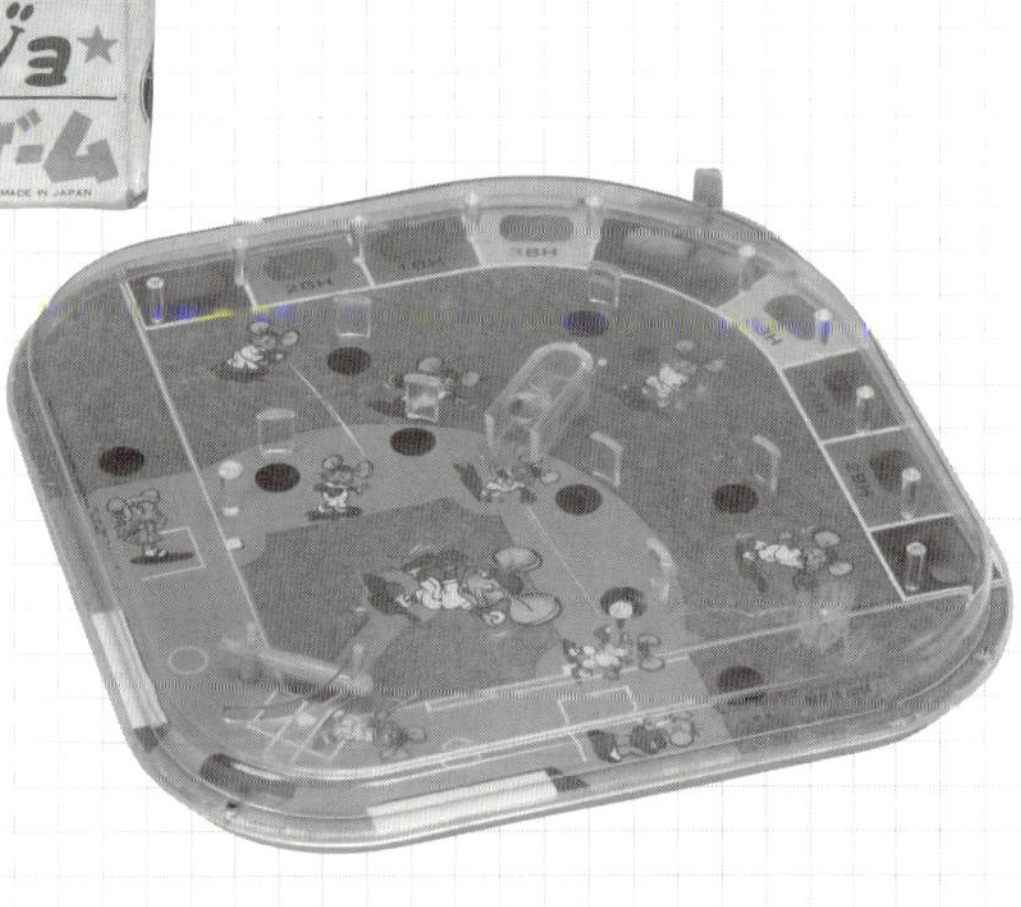

# 「魔球機能」の誕生とキャラクター製品の登場

**野球盤デラックス 魔球装置付き**
発売 ： 1972年
価格 ： ¥2,650（当時）
1970年製造の「デラックス野球盤」から、盤やプレイヤーの人形が木製からプラスチック製に変わった。バッティングも盤の上のボタンを押す方法からレバーを手前に引いて打つしくみに

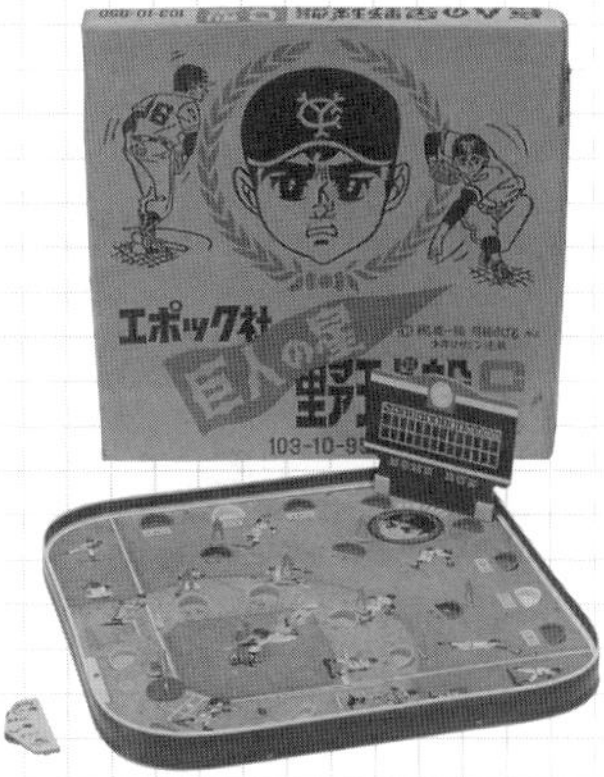


**巨人の星野球盤C型**
発売 ： 1969年
価格 ： ¥950（当時）
人気の野球漫画「巨人の星」を野球盤にしたモデル。「消える魔球」は同作品で広まったが、このモデルにはまだ消える魔球装置は設置されていない

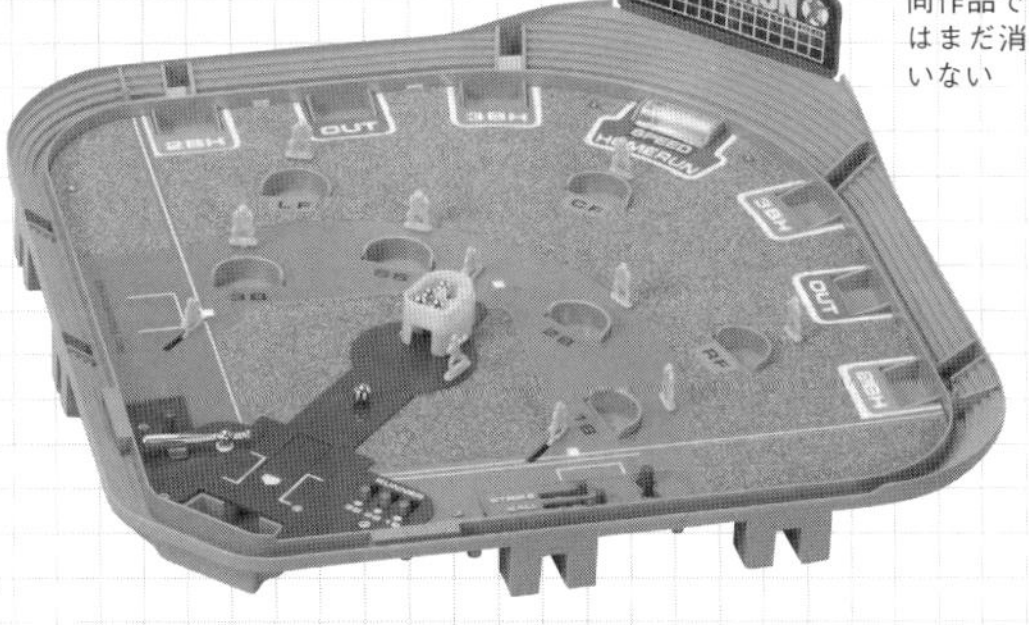


**巨人軍原選手のパーフェクト野球盤**
発売 ： 1982年
価格 ： ¥3,950（当時）
人工芝を使用したモデル。初登場時は本人の写真はパッケージに掲載されていなかった

# ベストセラー、ロングセラーの数々――

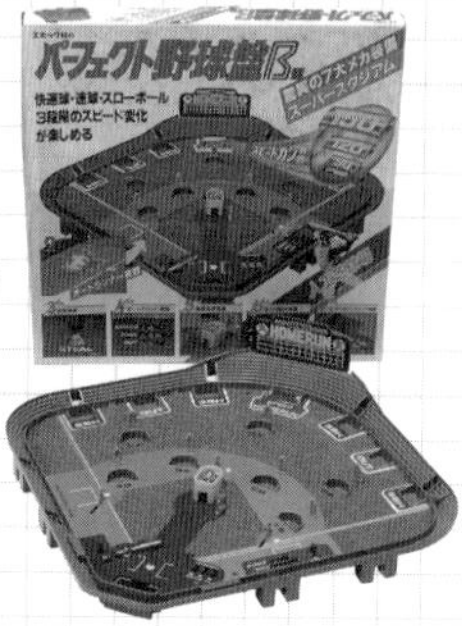


**パーフェクト野球盤B型**
発売 ： 1982年
価格 ： ¥3,950（当時）
ロングセラーモデルで、1990年まで8年間製造が続いた

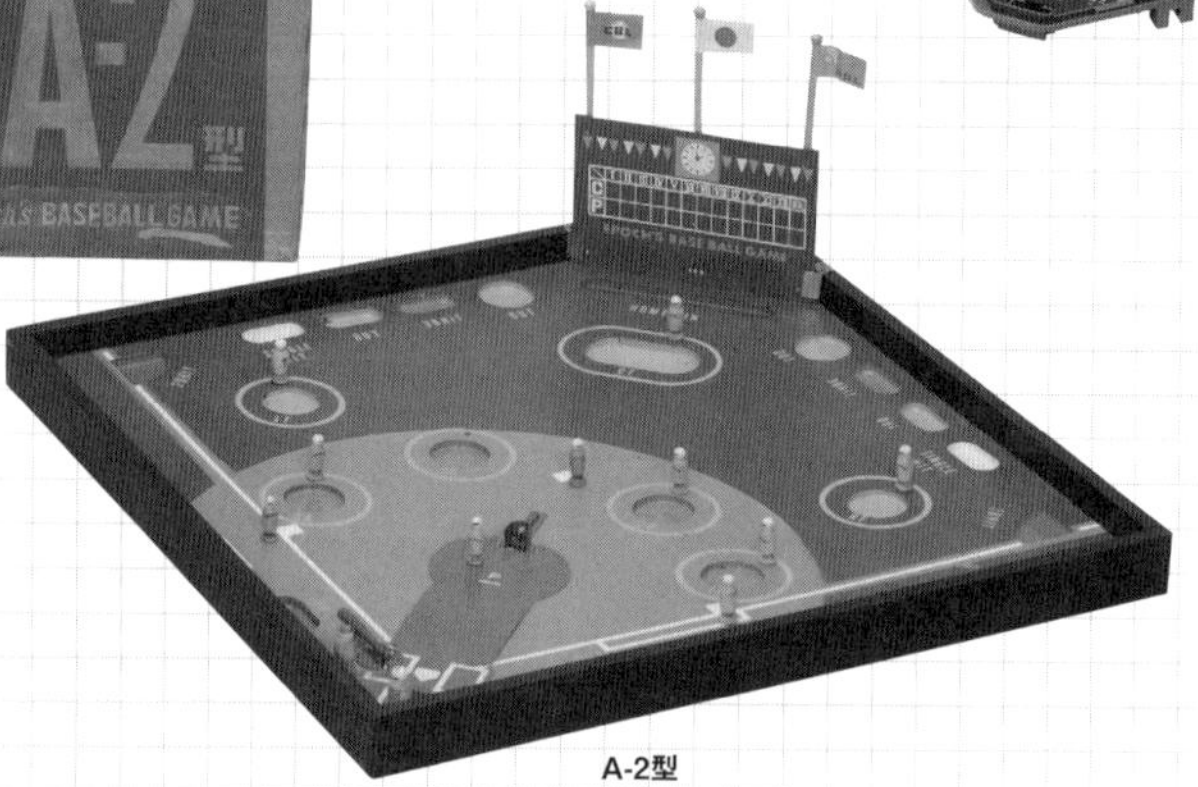


**A-2型**
発売 ： 1959年
価格 ： ¥1,850（当時）
変化球（カーブ、シュート）機能が付いたモデル

**野球盤AM型**
発売 ： 1974年
価格 ： ¥3,000（当時）
300万台を売り上げた大ヒットモデル。初期のものと同じく、盤面のボタンを押して打つタイプとなっている。また、ストライク、ボール、アウトをダイヤルでカウントするダイヤルカウンター装置が搭載された

## エポック社 製造の歴史（主要モデル）

**1958年** 初代野球盤販売開始
**1959年** A-2型。カーブ・シュート機能搭載。廉価版・C型発売
**1965年** A-2型（2代目）。外野スタンド搭載。初のキャラクター商品・鉄腕アトムF型発売
**1970年** デラックス野球盤。盤面・プレイヤーの人形がプラスチック製に
**1982年** パーフェクト野球盤A型販売開始。エポック社製野球盤のうち、もっとも販売台数が多かった
**1988年** 商品
**1997年** ビッグエッグ野球盤。オート機能搭載。東京ドーム開場に伴って発売された
**2000年** フルオート野球盤PRO登場。ボタン操作のみでプレイ可能
**2004年** 初代野球盤を復刻発売
**2006年** 野球盤阪神タイガース。阪神タイガースとの提携モデル
**2007年** 実況パワフルプロ野球野球盤。KONAMIと共同開発
野球盤メガスタジアム。投げたボールがボタン1つでピッチャーへ投げ返されるシステム
**2008年** スタンドに2階席が設置される
**2009年** 野球盤ACE.。ボールがバッターの手元で持ちあがる新魔球が登場
野球盤ライフスタジアム。電光掲示板・実況付きモデル

# 全国プロ野球スタジアム
# データベース

1軍·2軍のプロ野球チームが、
本拠地として使用している各地のホーム球場——

※阪神甲子園球場、横浜スタジアム、ナゴヤ球場、宮城球場（クリネックススタジアム宮城）、明治神宮野球場は第2部に掲載してあります

**東京ドーム**

所在地 ： 東京都文京区後楽一丁目3番61号

ホームチーム ： 読売ジャイアンツ

開場 ： 1988年3月18日

設計者 ： 竹中工務店、日建設計

収容能力 ： 55,000人

右翼 ： 100m

左翼 ： 100m

中堅 ： 122m

フェンス ： 4.24m

**MAZDA Zoom-Zoom スタジアム広島**

所在地 ： 広島県広島市南区南蟹屋2-3-1

ホームチーム ： 広島東洋カープ

開場 ： 2009年4月1日

設計者 ： 環境デザイン研究所

収容能力 ： 33,000人

右翼 ： 100m

左翼 ： 101m

中堅 ： 122m

フェンス ： 左翼／3.6m 右翼／3.4m 中堅／2.5m

**西武第二球場**

所在地 ： 埼玉県所沢市上山口2193-1

ホームチーム ： 埼玉西武ライオンズ（2軍）

開場 ： 1979年（日付詳細不詳）

設計者 ： 不詳

収容能力 ： スタンドなし

右翼 ： 100m

左翼 ： 100m

中堅 ： 122m

フェンス ： なし

**ナゴヤドーム**

所在地 ： 愛知県名古屋市東区大幸南一丁目1番1号

ホームチーム ： 中日ドラゴンズ

開場 ： 1997年3月12日

設計者 ： 竹中工務店

収容能力 ： 40,500人

右翼 ： 100m

左翼 ： 100m

中堅 ： 122m

フェンス ： 4.8m

**札幌ドーム**

所在地 ： 北海道札幌市豊平区羊ケ丘1

ホームチーム ： 北海道日本ハムファイターズ

開場 ： 2001年6月3日

設計者 ： 原広司ほか

収容能力 ： 53,845人

右翼 ： 100m

左翼 ： 100m

中堅 ： 122m

フェンス ： 5.75m

**ファイターズスタジアム（鎌ヶ谷球場）**

所在地 ： 千葉県鎌ケ谷市中沢459

ホームチーム ： 北海道日本ハムファイターズ（2軍）

開場 ： 1997年3月1日

設計者 ： 不詳

収容能力 ： 2,400人

右翼 ： 100m

左翼 ： 100m

中堅 ： 122m

フェンス ： 不詳

**京セラドーム大阪**
所在地 ： 大阪府大阪市西区千代崎三丁目中2番1号
ホームチーム ： オリックスバファローズ、阪神タイガース
開場 ： 1997年3月1日

収容能力 ： 36,627人
右翼 ： 100m
左翼 ： 100m
中堅 ： 122m
フェンス ： 4.2m

**阪神鳴尾浜球場**
所在地 ： 兵庫県西宮市鳴尾浜1-3-9
ホームチーム ： 阪神タイガース（2軍）
開場 ： 1994年（日付詳細不詳）
設計者 ： 不詳

収容能力 ： 500人
右翼 ： 96m
左翼 ： 96m
中堅 ： 120m
フェンス ： 不詳

**広島東洋カープ由宇練習場**
所在地 ： 山口県岩国市由宇町笠塚72-2
ホームチーム ： 広島東洋カープ（2軍）
開場 ： 1993年（日付詳細不詳）
設計者 ： 不詳
収容能力 ： スタンドなし
右翼 ： 100m
左翼 ： 100m
中堅 ： 122m
フェンス ： 不詳

**福岡市雁の巣レクリエーションセンター野球場**
所在地 ： 福岡県福岡市東区奈多1302-58
ホームチーム ： 福岡ソフトバンクホークス（2軍）
開場 ： 1989年（日付詳細不詳）
設計者 ： 不詳
収容能力 ： 3,470人
右翼 ： 98m
左翼 ： 98m
中堅 ： 122m
フェンス ： 不詳

**山形県野球場（山形蔵王タカミヤホテルズスタジアム）**
所在地 ： 山形県東村山郡中山町大字長崎5081
ホームチーム ： 東北楽天ゴールデンイーグルス（2軍）
開場 ： 不詳
設計者 ： 不詳
収容能力 ： 25,000人
右翼 ： 100m
左翼 ： 100m
中堅 ： 120m

**福岡ドーム**
所在地 ： 福岡県福岡市中央区地行浜2丁目2番2号
ホームチーム ： 福岡ソフトバンクホークス
開場 ： 1993年4月2日
設計者 ： 竹中工務店、前田建設工業
収容能力 ： 36,723人
右翼 ： 100m
左翼 ： 100m
中堅 ： 122m
フェンス ： 5.84m

**読売ジャイアンツ球場**
所在地 ： 神奈川県川崎市多摩区菅仙谷4-1-1
ホームチーム ： 読売ジャイアンツ（2軍）
開場 ： 1985年10月4日
設計者 ： 不詳
収容能力 ： 4,000人
右翼 ： 97.6m
左翼 ： 97.6m
中堅 ： 121.9m
フェンス ： 不詳

**利府町中央公園野球場（楽天イーグルス利府球場）**
所在地 ： 宮城県宮城郡利府町青山1丁目2番4号
ホームチーム ： 東北楽天ゴールデンイーグルス（2軍）
開場 ： 1997年4月1日
設計者 ： 不詳
収容能力 ： 3,512人
右翼 ： 98m
左翼 ： 98m
中堅 ： 122m

**横須賀スタジアム**
所在地 ： 神奈川県横須賀市夏島町2
ホームチーム ： 湘南シーレックス（横浜ベイスターズ2軍）
開場 ： 1949年（1997年に改装）
設計者 ： 不詳
収容能力 ： 5,000人
右翼 ： 98m
左翼 ： 98m
中堅 ： 122m

**ロッテ浦和球場**
所在地 ： 埼玉県さいたま市南区沼影3-8-5
ホームチーム ： 千葉ロッテマリーンズ（2軍）
開場 ： 1989年（日付詳細不詳）
設計者 ： 不詳
収容能力 ： 300人
右翼 ： 96m
左翼 ： 96m
中堅 ： 122m
フェンス ： なし

**北神戸田園スポーツ公園野球場（あじさいスタジアム北神戸）**
所在地 ： 兵庫県神戸市北区有野町二郎753-1
ホームチーム ： オリックスバファローズ（2軍）
開場 ： 2000年（日付詳細不詳）
設計者 ： 不詳
収容能力 ： 3,000人
右翼 ： 99m
左翼 ： 99m
中堅 ： 122m
フェンス ： 不詳

**西武ドーム**
所在地 ： 埼玉県所沢市大字上山口2135番地
ホームチーム ： 西武ライオンズ
開場 ： 1979年4月14日
設計者 ： 早稲田大学池原研究室、鹿島建設（ドーム化時）
収容能力 ： 33,921人
右翼 ： 100m
左翼 ： 100m
中堅 ： 122m

**千葉マリンスタジアム**
所在地 ： 千葉県千葉市美浜区美浜1番地
ホームチーム ： 千葉ロッテマリーンズ
開場 ： 1990年3月1日
設計者 ： 富家建築事務所
収容能力 ： 30,011人
右翼 ： 99.5m
左翼 ： 99.5m
中堅 ： 122m
フェンス ： 4.4m

**ヤクルト戸田球場**
所在地 ： 埼玉県戸田市美女木4638-1
ホームチーム ： 東京ヤクルトスワローズ（2軍）
開場 ： 1977年2月1日
設計者 ： 不詳
収容能力 ： 約200人
右翼 ： 100m
左翼 ： 100m
中堅 ： 122m
フェンス ： 不詳

［編著者紹介］

## 坂田哲彦

1976年、東京生まれ。

東洋大学Ⅱ部文学部国文学科卒業後、編集プロダクションを経て現在はフリーランスの編集者。地方競馬や古いボンネットバス、温泉場のストリップ小屋など、消え行くものや職業に関する書籍を世に送り出してきた。これまでの主な制作物に『ボンネットバスが好き』（ロコモーションパブリッシング）、『地方競馬の黄金時代』（戎光祥出版）、『昭和ストリップ紀行』（ポット出版）、『日本レールバス大全』（芸文社）、『昭和のバス名車輌』（戎光祥出版）など。

# 昭和レトロスタヂアム
## 消えた球場物語

発行日　2010年10月1日　初版第1刷発行

**編著**
坂田哲彦

**ブックデザイン**
小田嶋 亮（5Bang）

**編集**
山崎三郎

**発行人**
比嘉信顕

**発行所**
ミリオン出版株式会社
〒101-0065
東京都千代田区西神田3-3-9 大洋ビル
電話 03-3514-1480（代表）

**発売元**
株式会社大洋図書
〒101-0065
東京都千代田区西神田3-3-9 大洋ビル
電話 03-3263-2424（代表）

**印刷・製本**
図書印刷株式会社


ISBN978-4-8130-2112-4　C0075